夢をかなえる障害者アスリート

25%の機能を100%活かす

TE-DE マラソン実行委員会＝編
永野明・渡辺敦子＝著

新評論

まえがき

夏の稚内、見わたすかぎりの水平線に接するものは、永野明ただ一人。その身体を支えているのは三輪の自転車。

永野がハンドルを回すと、クランクが車輪に回転運動を与えはじめる。腕でハンドルをぐんと前に押し出すと、クランクが往復運動を回転運動に変換し、前輪が駆動する。前輪を含めた駆動部分に接続されている二つの後輪は、シートに座る操縦者を支えながら前輪と同じ方向に回転する。これによって、三つの車輪が同じ方向に進んでいく。そして、ハンドルによって生まれた動力によって、ひたすら回転を続けていく。

この乗り物の名称は「ハンドバイク」。一般の自転車とは異なり、手で漕ぐことによって前進させる乗り物である。車椅子のように、直接車輪を作動させることはない。

手を動かすことによって、車輪が「足」として作用する。まさに「てこ」の原理である。かつてアルキメデスが、「私に支点を与えよ。されば地球も動かしてみよう」と言葉を残したように、どれほど大きな対象物でも、動かす方向が決まれば支点はたった一つである。その支点さえ特定できれば、地球を動かすことだって決して不可能ではない。

この原理は、格闘技における関節技にも通じることである。動きを封じるために、対戦相手の身体すべてを押さえる必要はなく、たった一点を押さえ込めばよい。ハンドバイクのクランクにあたる機能が、人間の身体にも備わっているということとなる。

ハンドバイクのようなマシンも、人間の身体も、いくつかの支点・力点・作用点によって成り立っている。関節が筋肉と骨を支え、手首を上げれば腕の筋肉が収縮する。つま先を蹴り上げればかかとが上がる。見る、つかむ、嗅ぐ、噛むといった動作も、消化する、循環する、排泄するといった生理現象も、いちいちレバーやクランクを意識的に回すことなく無意識のうちに繰り返されている。

この人間の機能だが、加齢などによって滞ったり、動作が鈍くなってくる。老いによって握力が弱くなったり視力が落ちるのも、筋肉や機能が衰えていくことに端を発している。老化だけでなく、障害によって身体の機能が円滑に動作しないことももちろんある。いずれにせよ、ほとんどの人間が、徐々に自身の機能が衰えていくことを知っているわけだ。そのためにメガネをかけ、補聴器をつけ、車椅子に乗ったりして運動機能を補っている。

いずれ訪れることになる老いと機能低下は、現在進行形となっている高齢者社会を生きる日本人にとっては大きな関心事の一つとなっている。不自由なく使えていた機能が一つずつ衰えていく、できないことが一つずつ増えていく……そんな不安を多くの人々が抱えている。こうした不安に苛まれた社会を生きるうえで、見落としがちとなっているのが「動く機能」である。どうやら人間は、ポジティブに考えることが苦手なようである。

たしかに、車輪は単体では動かない。けれども、クランクを動かすことによって三つの車輪が大地を走り抜ける。ハンドバイクで国内約八〇〇〇キロを走破した永野明は、両足に麻痺を抱えている身体障害者である。歩けはするが時間がかかるし、とくに長い距離を移動するのには苦労が多かった。しかしこの永野、腕っ節には自信があった。

走れない、泳げない、一人で電車に乗れない……。〝ナイナイづくし〟で、できないことばかりを数えてきた障害者が「できること」に目を向け、そのことだけを信じて行動を起こした。

永野は上腕でハンドルを漕ぎ、日本全国を走り回ることにした。「TE－DE（手で）マラソン」が生まれた瞬間である。

「テレビで車椅子マラソンの単独走行を観て、自分も挑戦できるような気がした」

最初は、そんな好奇心に従っただけだと言う。しかし、永野と一台のハンドバイクは、次に示す五つの行程を現在までに走破している。

❶東京――福岡　一二〇〇キロ縦断（二〇〇八年）
❷広島――長崎　ピースラン（二〇〇九年より毎年継続）
❸九州一周（二〇一〇年）
❹東京――石川　日本横断（二〇一一年）
❺北海道――鹿児島　日本縦断（二〇一一年）

二〇〇八年、第一回目となる「TE－DEマラソン」をはじめるにあたって、永野をはじめとするスタッフたちは頭を悩ませていた。いったい、何のために走るのか？「ただ走りたいから」というだけでは自己満足でしかない。それならば、社会に対してなにがしかのメッセージを残そう！そうして掲げられたのが、次のようなものだった。

――障害の有無や種類、度合いにかかわらず、誰もが気軽にスポーツやビジネスをしたりすることで個人の可能性を追求し、さまざまな立場から社会に対しての責任を果たす。

そんな社会を実現するために、まずはハンドバイクというマシンや障害者スポーツを多くの人に見てもらうことを目指した。つまり、永野と仲間が「走る」ことを通して、自らが把握している能力をさらに超えることで社会にアピールをしようと決意したわけである。この決意がスタッフの結束力を固め、本書の編者でもある「TE－DEマラソン実行委員会」が生まれた。

最初のチャレンジとなった「東京－福岡　一二〇〇キロ縦断」は一〇日間にも及ぶ走行となった。連日、ほかの人と歩調を合わせて移動するという試みは、永野にとっても伴走者にとっても初めてのことであった。「行けるはずだ」、「僕ならば……」という思い込みが両者に葛藤を与え続けることになった。

このときは、度重なる坂道に苦労し、山口県の急勾配、欽明路峠では挫折も味わった。自分の意志だけではゴールまで進めない。まさに、対人関係も、ペース配分も「コントロール」することの難しさを知った。

次のチャレンジである「ピースラン」では、伴走者の故郷である広島をスタート地点として、同じく原爆による被害を受けた長崎に向かった。

TE－DEマラソン（2008年10月10日）
東京から福岡までの1,200km走行を訴えるためにつくったチラシ

このピースランは、障害をもった仲間や平和を守ろうと誓う女性たちとチームを組み、リレー方式とした。

左半身に麻痺を抱える仲間は、右手右足で自転車のペダルを漕いだ。走る距離をあらかじめ決めているわけではなく、仲間の様子を見ながらタスキを継いでいった。ゴールは長崎・平和祈念像前、ランナーみんなで手を合わせた。

続いての「九州一周」では、坂道に苦労する高齢者の姿を幾度となく目にした。路肩の傾きや階段、坂道などは、言うまでもなく高齢者の身体に負担をかけてしまう。ゼイゼイと息を切らして橋を渡る高齢者の女性をハンドバイクに乗せることはできなかったが、隣でゆっくりとハンドバイクを押しながら歩き、ときどき手を支えることで彼女が渡り切るのをサポートした。

高度成長期はマイノリティだった高齢者も、いまや人口の多数を占めている。彼らに最適な環境というのは、道路事情なのか、あるいは同伴者なのか、追求すべき課題を持ち帰ることになった。

二〇一一年に行った日本横断と日本縦断の二回のチャレンジは、永野一人で全行程を走行している。宿の予約も、ルートの確認も一人でやった。このとき永野は、仲間が自分の伴走やサポートという役割ではなく、それぞれが自立しており、ともにチャレンジをしていた同志であったことに初めて気付いた。

この気付きが理由なのかもしれない。TE－DEマラソンは、約八〇〇〇キロにも上る軌跡を残すことになった。

走行して実感したことは、社会というのは、まさにさまざまな人の集合体だということであった。何と当たり前なことを、と思われる人も多いであろう。しかし、この当たり前なことを体感することは少ないはずである。生産性の高い人間を増やし、インフラが整うことが理想の社会ではなく、それぞれがもっている、ちぐはぐな能力や役割を組み合わせていくことこそが社会なのだ、と永野は実感したのである。

日本は高齢化社会を迎えた。人口減少は、火を見るよりも明らかとなっている。やがて一億人を切り、二〇六〇年には八六七四万人にまで減ると言われている（国立社会保障・人口問題研究所）。また内閣府は、二〇一四年年二月二四日、「経済財政諮問会議」の専門調査会（第3回「選択する未来」委員会）において、地方から東京への人口移動が収束しないケースでは、二〇四〇年時点で約一八〇〇自治体のうち五二三自治体の「消滅可能性」が高いとも予測している。

震災復興、災害対策、独居世帯の孤立、年金問題、医療費の増加など……人口はコンパクトになるが、問題は山積みという状態である。だからといって、一人の人間の身体能力や稼働時間が、この先二倍に三倍に増加することは絶対にない。膨れ上がる社会問題に追従できるほど、人間は肉体的かつ構造的な進化を遂げているわけではないのだ。であるならば、現在所持している知恵と力をそれぞれが持ち寄り、それらを最大限に使っていくよりほかに道はない。

TE－DEマラソン実行委員会は、本書を上梓するにあたり、六年前に考えたメッセージ「実現したい社会」を振り返った。そして改めて、「個人の可能性を追求していくこと」がこれからの社会にとって必要なこと、そしてそれが、地球に生まれた人間としての使命なのだと確信した。

大それたことを述べるつもりは毛頭ない。本書で伝えたいことは、まずは自分の力を低く見積もらず、「できることを数えてほしい」ということである。具体的には、自分にできることをまず「見つける」ということ。永野の場合は「腕っぷし」であり、ピースランで伴走した男性は「右手と右足でペダルを漕ぐ」ことだった。

そして、できることを自らが周りの人々に「知らせる」こと。永野が鹿児島で出会ったおばあちゃんは、「ゆっくりなら歩ける」と永野に伝え、それを聞いた永野はハンドバイクをゆっくりと動かしながら彼女が病院に行くのを見届けた。

さらには、できることを「活かす」こと。同じくピースランでは、両足に麻痺を抱えている男性が、初めてハンドバイクに乗ったにもかかわらず、坂を自力で上りきっているのだ。

最後に、「想像力を働かせる」ということ。永野はテレビで観た車椅子マラソンランナーの姿に「僕もできるかも」と想像をめぐらせ、その数年後に実現をしている。「できること」に目を向ける。永野は、「できること」を追い続けることで大きな達成感が得られることを、身をもって証明したのである。

もし、あなたの周りに自らの力を活かそうとしている仲間がいれば、次のように呼び掛けてほしい。

「やってみなよ！」

誰もが最初はぎこちなく、周りの人の手を煩わせてしまうことだろう。しかし、あなたの小さなひと声がてことなり、仲間がぐんぐん進んでいくための大きな動力となるはずだ。

もくじ

まえがき　i

第1章　パートナーは手で漕ぐマシン　3

●一二〇〇キロを走行しよう　4
●パートナー探し　7
●手で漕ぐ自転車「ハンドバイク」　11
●ハンドバイクのレース競技　14
●トレーニングのはじまり　20
●TE－DEマラソンのキックオフ　25

第2章
上腕で日本を駆けめぐれ！――「TE－DEマラソン」の記録　29

●故郷へ、出発進行！　30

TE－DEマラソン　東京→福岡　一二〇〇キロ　32

●いざ、スタート（東京・日本橋～静岡・熱海　115・66キロ）　32
●下り坂での加速（静岡・熱海～静岡・御前崎　146・82キロ）　36
●別れと出会い（静岡・御前崎～愛知・岡崎　118・22キロ）　40
●歩道橋から横断幕（愛知・岡崎～滋賀・彦根　136・33キロ）　42
●雨と遅れでルート変更（滋賀・彦根～京都　87・25キロ）　46
●初めての単独走行（京都市内～兵庫・姫路　147・92キロ）　51
●火事場のバカ力（兵庫・姫路～岡山市内　93・10キロ）　57
●携帯電話でのインターネット中継（岡山市内～広島・安芸津　141・49キロ）　58
●欽明路峠での決断（広島・安芸津～山口・岩国　115・65キロ）　62

●関門トンネルから故郷へ（山口・下関～福岡市　98・25キロ）　71
●あんたは走っただけや　74
●僕もメロンも、育ててもらっている――走り終えて思ったこと　76

TE－DEマラソン　ピースラン　広島→長崎　78

●約束を果たすために　78
●二年目のピースランはリレー方式（広島・原爆ドーム～山口・新山口駅　129キロ）　86
●南下しているはずなのに……（山口・新山口駅～福岡・小倉駅　87・3キロ）　88
●九州の箱根を越える（福岡・小倉駅～佐賀・嬉野温泉　159キロ）　91
●平和公園にゴール（佐賀・嬉野温泉～長崎・平和祈念像前　59キロ）　93
●メダリストのお辞儀の理由――三年目のピースラン　95
●体力と走行距離の配分　98
●バトンをつなぎ続ける　100

TE－DEマラソン　九州一周一〇〇〇キロ　103

●地元九州に恩返し　103
●懐かしい出会い（長崎駅～佐賀・嬉野温泉　67・3キロ）　108
●コンビニ食と温かい食事（佐賀・嬉野温泉～福岡・羽犬塚駅　66・4キロ）　114
●単独走行で熊本を目指す（福岡・羽犬塚駅～熊本市内　74・9キロ）　116
●熊本の三太郎（熊本市内～熊本・水俣駅　95・6キロ）　117
●おばあちゃんの隠れた体力（熊本・水俣駅～鹿児島・川内駅　66・1キロ）　119
●ハンドバイクにとっての橋、高齢者にとっての橋（鹿児島・川内駅～鹿児島・霧島　103・4キロ）　122
●休息の楽しみ（鹿児島・霧島～宮崎・都城駅　35・4キロ）　126
●後半のスタート（宮崎・都城駅～宮崎・高鍋　86・6キロ）　127
●地元の陸上選手からアドバイス（宮崎・高鍋～宮崎・北川　77・2キロ）　129
●人力車で日本一周？（宮崎・北川～大分・別府　92・9キロ）　132
●パワースポットの願う完走（大分・別府～福岡・小倉　119・2キロ）　133
●ゴールへの「ありがとう」（福岡・小倉～福岡・博多駅　78・8キロ）　136

TE－DEマラソン　日本横断五〇〇キロ　142

●東日本大震災　142
●僕にできることは、走ること　145
●碓氷峠という難所　147
●「直江津」って、どこだろう　150
●初めての寄り道　152
●金沢へのゴール　153

TE－DEマラソン　日本縦断三二〇〇キロへのチャレンジ　156

●日本縦断の準備　156
●北海道はでっかいどう　160
●バイカーとの走行　162
●半年ぶりの石巻　165
●福島県の国道4号を南下しながら考えたこと　167

●集中豪雨　169
●本栖湖ファンドレイジングマラソンに参加　170
●大学でハンドバイク体験会　174
●日本縦断を達成するために四国へ　176
●いよいよ後半、身体のケアはバッチリ　182
●走ることが日常に　185

第3章　ハンディキャップという宿命　187

●博多で一番厳しい専属トレーナー　188
●「できない」自分を守っていた　190
●僕の決断　193
●東京での独り暮らし、そして就職　196
●障害者レスラーとしての出発　197
●永野・V・明として　199

●「また次に」と言われるレスラーに　201
●音のないプロレス　203

第4章　人の縁が運んできた「運命」　207

●福岡に障害者プロレスを　208
●体重三〇キロ台のボディービルダー　210
●障害者の覆面レスラー登場　213
●伴走者となった畠中　216
●食べ物に対する永野のこだわり　218
●シェア七六一七件　221

第5章 できることを活かすという「使命」 225

●自分の機能を確認する 226
●障害と付き合うということ 228
●運動能力ゼロを覆す 229
●自分のポジションを決める 231
●楽しさで人を巻き込む 233
●一〇〇パーセントの力を出す 235

おわりに――「三つの命」を活かすということ 237

あとがき 248

永野明がハンドバイクで走行したコース

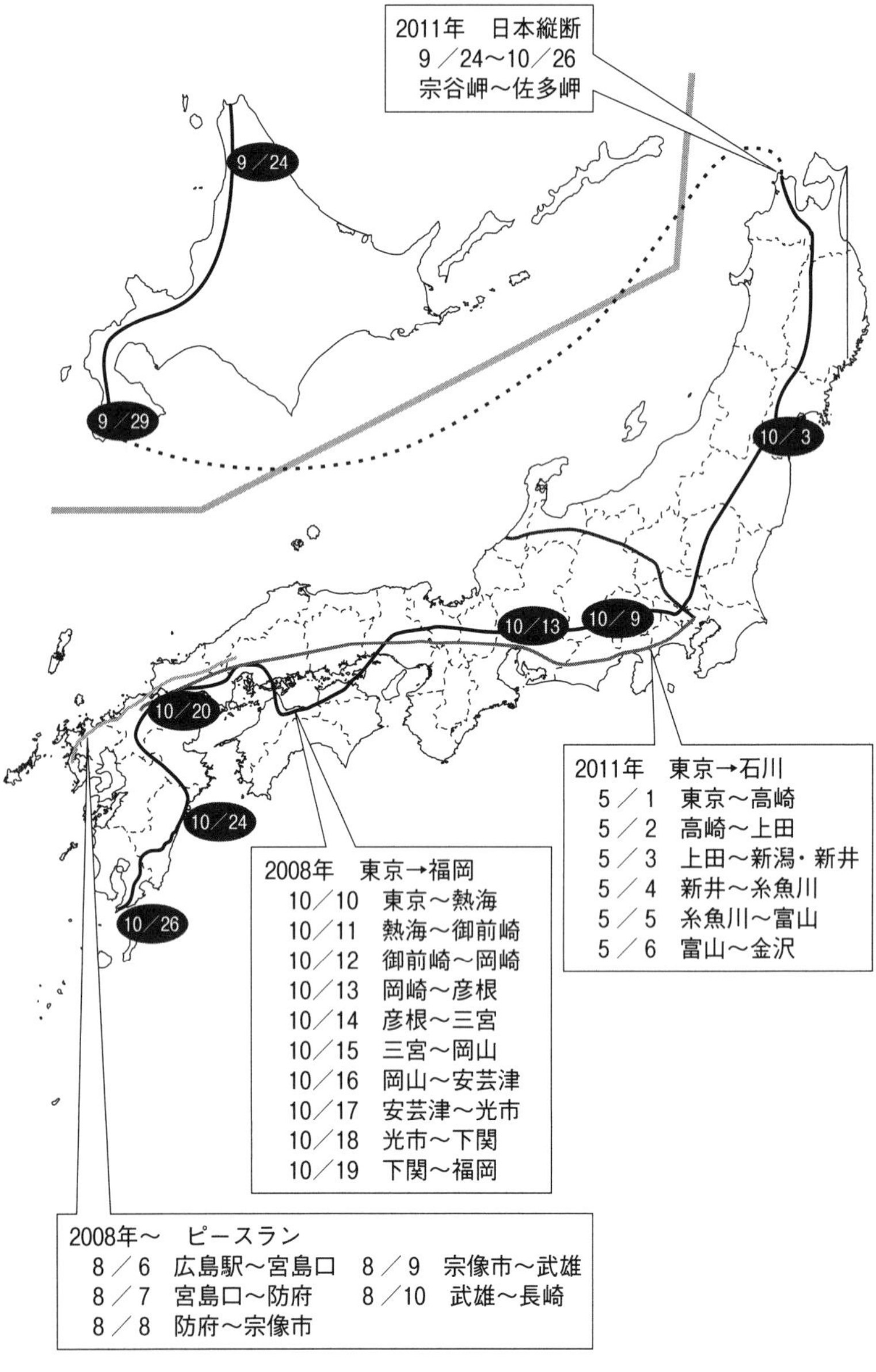

夢をかなえる障害者アスリート——25％の機能を100％活かす

第1章

パートナーは手で漕ぐマシン

筋ジストロフィを抱える高口和樹氏が描いたハンドバイク

◎二二〇〇キロを走行しよう

両足に麻痺を抱えている永野明だが、今でも車椅子とは無縁の生活を送っている。車輪のお世話にはならず、つま先でピョンピョンと地面を蹴りながら、跳ねるように歩行している。もちろん、移動するのに時間がかかるし、長い距離は苦痛となる。しかし、生まれてから身に付けた歩き方に不自由を感じることはない。

足が不自由だと、当然のように補助具として車椅子を利用していると誰しもが思ってしまうわけだが、永野はまったくもって車椅子の操作方法を知らない。しかし、縁というものは不思議なものである。ある切っ掛けが理由で、車椅子のような「手で漕ぐマシン」が永野の生涯のパートナーとなった。二〇〇五年八月、それとの出合いはディスプレイ越しに訪れた。

テレビのドキュメンタリー番組に映しだされたのは、下肢に障害をもっている四〇代の男性。車椅子に乗って、一〇〇キロを走行している姿であった。腕の力だけで、グングンとアスファルト道路を進んでいく。腕を前に押し出し続ける姿に、番組の司会者やゲストは釘付けとなっていた。番組の終盤に差し掛かるころには、グスグスとした涙声までが混じりだした。

「障害があるのに……」

アイドルグループに所属している女性ゲストが、目に涙を浮かべながら話している。車椅子の男性もしかりで、ゴールに到着したときには額に汗を浮かべて、「自分が一〇〇キロを達成できたのは、みなさんのおかげです」と声を震わせていた。みんなが一体となって、彼のゴールを祝福していた。

当時、永野は三〇歳になったばかりであった。障害者プロレスの選手として七年間にわってリングに上がり、生まれ故郷の福岡でも、障害者プロレスの団体「FORCE《フォース》」を主宰していた。

「自分で言うのもおこがましいですが、腕っ節には自信がありました」

そんな自負があったからだろうか、

「四〇代の彼が一日で一〇〇キロを走れるのなら、ひと回りも年下の自分なら、もっと長い距離を早く走れるはず」

と言い切った。そして永野は、この映像を見たときに、自らが「走る姿」をうっすらと想像したという。

――炎天下のなか、筋肉が隆起した腕からは汗が吹きだす。沿道には、知った面々が顔をそろえている。そこを過ぎ去ると、僕を呼ぶ声が次第に小さくなっていく……。ただひたすらに、僕はゴールを目指す。

現実に戻った永野は、いっしょにテレビを観ていた、当時は恋人同士という関係にあった妻の響子に次のように訊ねた。

「東京から実家のある福岡まで、どれくらいの距離があるんだろう」

永野はパソコンの電源を入れ、地図の情報サイトを開いた。そして、JR東京駅から福岡・JR博多駅まで、車で走行した場合の距離を求めた。東海道を過ぎ、さらに西へと向かう。生まれ故郷までの道のりは、約一二〇〇キロだということが分かった。

テレビに映っていた四〇代の男性は、一日に一〇〇キロを走っていた。その彼よりもひと回りも若い永野は、一日で一〇〇キロ以上の距離は稼げるだろう……と踏んだ。

「一日一二〇キロを走れば、一〇日で福岡に着くことができる」

まったくもって根拠のない自信が、永野に目標を与えてしまった。このとき、永野が誓ったことは二つである。一つは、「一二〇〇キロを走行する」こと、そしてもう一つは「そのために二年間トレーニングをする」ことであった。そして、Xデーは二〇〇八年一〇月一〇日と決めた。

このときの様子を筆者に対して話したとき、「知らないという強みがありましたよ」と永野は言って笑っていた。テレビで観た男性よりも早く走れると高をくくってはみたものの、「プロレス用の身体のつくり方では太刀打ちできるかどうか、正直不安でした」とも言った。練習、身体づくり、知識、どのような車椅子を用意すればよいのか……すべてがまっ白な状態だった。

◎パートナー探し

「走るために、何から手をつければよいのか……」

永野はまず、考えていることを口にしてみた。ケータイを手に取り、アドレス帳を開いた。高校時代の友人、社会人となってからの友人、リハビリの仲間といった知り合いに電話をかけまくって、「走る」ことを宣言した。電話口に出た友人たちは、（無責任にも）明るい声で鼓舞した。

「マジで⁉　すごいじゃん！」

「いつ福岡に来るの？　近くに来たら寄ってよ」

「応援してるよ！」

背中を押してくれる激励の言葉はありがたかったが、永野が待っていたのは別の言葉であった。

そして、当時仕事で付き合いのあった友人、細田晋の番号を押した。

「もしもし、細田さん、永野です。今、チャレンジしたいことがあって……。その、僕、車椅子でもなんでもいいんですけど、自力で東京から福岡まで行こうと思っていて……」

細田は、永野が詳しいプランを話す声をさえぎって強く言い切った。

「僕も、いっしょに走ります」

永野は、一気に気持ちが軽くなった。何と言っても初めての試みである。安全に走るためにも、いっしょに走る仲間はどうしても必要である。「もし、誰も賛同者がいなければ、一人で行くしかない」と、腹をくくってもいた。

あとは、福岡までの一二〇〇キロをいっしょに走ってくれる大事な「パートナー」探しである。永野はもう一度ケータイを握りしめた。

「義肢装具を知らない人をなくす」という信念に共鳴し、個人的な付き合いを続けていた川村義肢の小林宏気さんから紹介を受けたのは、名古屋に本社を置く「株式会社三貴工業所」[1]の川井英行課長（当時・現在は販促企画室室長）であった。インターネットやテレビで見て気になっていた車椅子マラソン用の「SPEED KING for Race」（以下、レーサー）を製造している会社である。赤いアルミのフレームが前方に伸びて、車輪の幅も薄い。

「故郷に凱旋するなら、こんなかっこいいモデルに乗ってみたい」

一目ぼれに近かった。

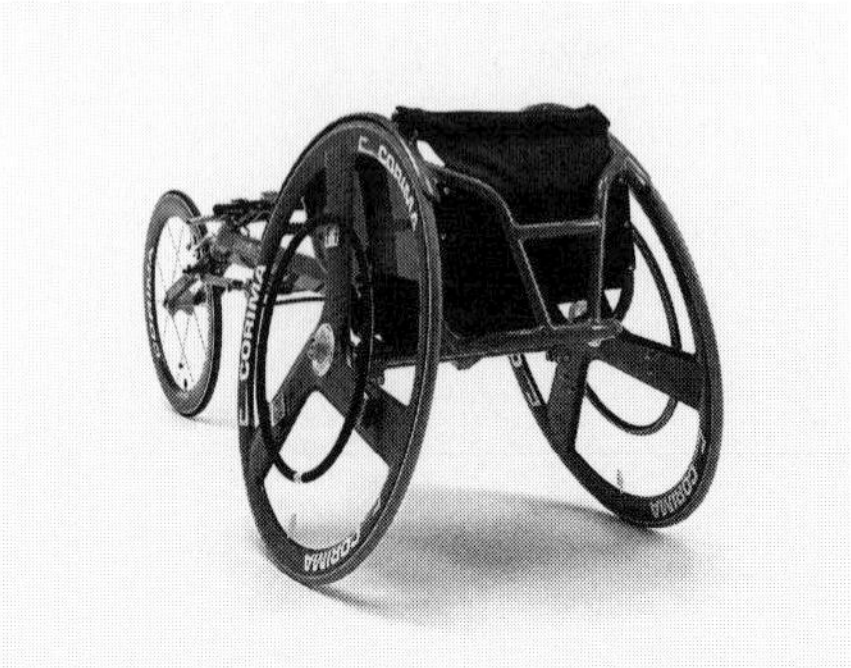

三貴工業所が製造しているレーサー

川井課長は、永野の「チャレンジしたい」という気持ちをくんで、「一度、名古屋に来て、試乗してみたらどう?」と提案した。

ためらう理由はなかった。永野は「ぜひに」と答えて、訪問するまでの間、「レーサー」について調べることにした。すると、東京都北区にある東京都障害者総合スポーツセンター(2)で「レーサー」を実際に見られることが分かった。

障害者スポーツセンターとは、その名のとおり、障害者専用のスポーツ施設である。ベストセラー漫画『リアル』(井上雄彦作)の題材となった車椅子バスケットボールや、ロンドンパラリンピックで金メダルを受賞したゴールボールなどの本格的なスポーツのほか、トレーニングマシンを使った身体づくりも行うことができる施設である。充実した備品の一つとして、スポーツ用の車椅子も用意されていたのだ。

初めて見る「レーサー」は、テレビで見る以上にしなやかで、フレームに光沢があり、止まっていても風を切っているがごとくのように見えた。前方に据え付けられている車輪、そこから後部の車輪までは約一・八メートルもある。これはもう「F1カー」である。

はやる気持ちを抑えながら永野は、施設の担当者に乗り方を訊ねた。一般的な車椅子の場合は、

---

(1)　〒457－0863　愛知県名古屋市南区豊3－38－10　TEL:052－694－0333

(2)　〒114－0033　東京都北区十条台1－2－2　TEL:03－3907－5631

固定されたペダルに足を置き、深く座椅子に腰掛けるように乗るのだが、「レーサー」には足を固定させるペダルも、肩までの背もたれもない。何よりも永野を驚かせたのは、お尻を座椅子につけるのではなく、正座をしなければならないということだった。「レーサー」に出合えた喜びもつかの間、一気に不安が押し寄せた。

「正座をしたまま、一日に一二〇キロも走れるのだろうか。しびれてしまって、一時間ともたないだろう。このレーサーに乗るためには相当の覚悟がいる」と、永野は述懐している。

天を仰ぎながら名古屋に行く日を指折り数えた永野が出した結論は、「川井さんに、正直に相談してみよう」であった。

縁というのは、本当に不思議なものである。川井課長とともに会った芝崎泰造事業部長（当時・現在は代表取締役）が率いる「レーサー」の担当部署名が「FORCE《フォース》」であった。永野が福岡で立ち上げた障害者プロレス団体と同じ名前だったのだ。

永野はまず、自らが障害者プロレスラーであること、そして自身が主催している団体名が「FORCE」であることを芝崎事業部長に告げた。もちろん、正座したままで福岡までの一二〇〇キロを走り抜くことに対する不安についても、である。永野の熱意に触れた芝崎事業部長は、小さく頷き、「腕力に自信があるなら」と別のモデルを紹介してくれた。それが、永野の生涯のパートナーとなる「ハンドバイク」との初めての出合いであった。

手で漕ぐ自転車「ハンドバイク」

「ハンドバイク」というのは、手で漕ぐ三輪自転車のことである。「手漕ぎ自転車」とか「ハンドサイクル」とも呼ばれたりしている。肩甲骨あたりまで背もたれのついた座椅子の脇に後輪が二つあり、前輪で駆動と方向操作を行う。自転車のペダルにあたる機能が、ちょうどお腹から胸のあたりに設置されたハンドルについている。ハンドルを進行方向に回転させることで、クランクに接続された前輪が同じ方向に回転して進んでいく。

自転車のペダルと違い、ハンドルを左右同時に回すことで前進する。ブレーキレバーは自転車と同じようにグリップに取り付けられているが、逆回転をさせてもブレーキがかかる仕組みとなっている。複雑な操作や瞬発的な動きを必要とするわけではないので、初心者でも、走って止まるという単純な動きはすぐに行うことができる。

ここで、ハンドバイクについて詳しく紹介しておこう(3)。

ハンドバイクの誕生は一九八三年のアメリカで、さまざまな自転車部品を組み合わせてつくられたのが最初という。改造自転車のはしり、とも言えるかもしれない。当時のヨーロッパで、車椅子に乗っている人々が「自転車競技に使える」と着目し、すでに一九八九年には最初のハンドバイクが販売されている。

現在では、さまざまなタイプが生産・販売されているが、その機能や形状から「アダプタータイプ」と「スポーツタイプ」に分けることができる。それぞれの特徴を簡単に記しておこう。

アダプタータイプ——永野が日常的に乗っているのが、このタイプである。後輪と座椅子からなる車椅子に、前輪を装着している。この前輪部分は、どのような車椅子にも装着が可能なため、車椅子を利用している人にとってはとても馴染みやすいものである。また、ＴＰＯにあわせて前輪部分を外し、車椅子のみとして利用することも可能となっている。

後輪部分の車椅子だけだと、小回りもきくし、スペースもとらない。駅に設置されている六人乗りのエレベーターなどは、間口が一メートル足らず、奥行き一・五メートルほどしかないので、前輪部分を取り外してコンパクトにしてから乗車することになる。

一方、長距離を移動する場合は、前輪を装着してハンドバイクとして利用する。このタイプで

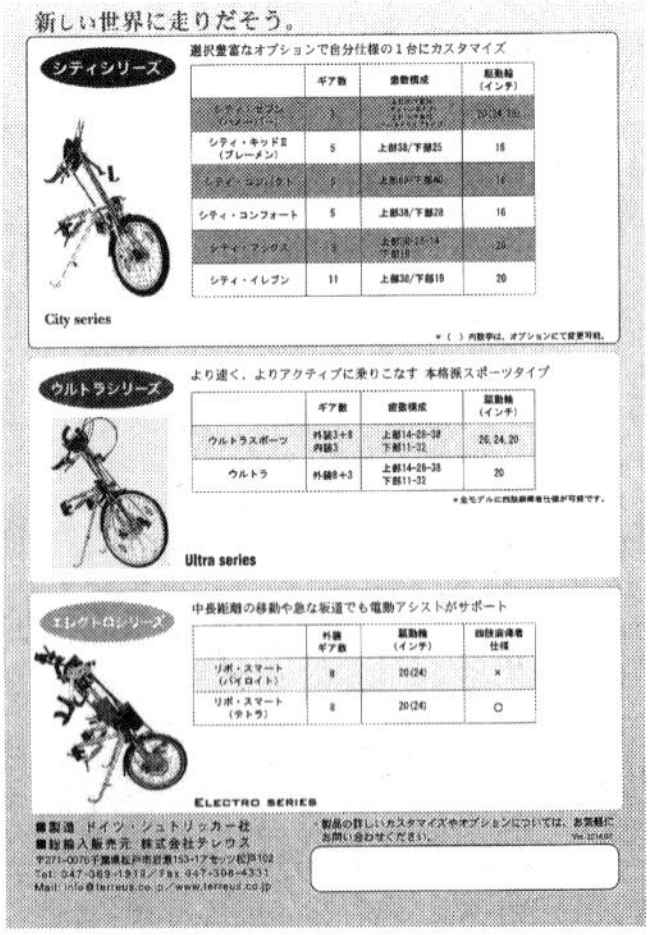

様々なタイプのハンドバイク
（資料提供：株式会社テレウス）

気を付けなければならないのは、公道を走るときである。車椅子は道路交通法において「歩行者」として扱われているが、前輪部分を取り付けると「自転車」になる。いくら爽快だからって、ほろ酔いで走行したらもちろん飲酒運転で罰せられることになる。

スポーツタイプ——このタイプのハンドバイクは、アダプタータイプのように取り外しができず、前輪と後輪が一体となっている。座椅子の傾斜が深くなっていて、寝そべったような状態で空気抵抗を減らしたり、「レーサー」のように正座状態で座るタイプがある。その名のとおりスポーツタイプなので、空気抵抗を減らすだけでなく、より腕の力を加えやすいといった要素がその構造に進化を与えている。

そのほかにも、ゴツゴツした岩場を移動するマウンテンバイクタイプや、二人乗りのタンデムタイプなどもある。ちなみに、日本に初めてお目見えしたのは、チェーン駆動式の車椅子だった

（3）以下の記述は、株式会社テレウス「ハンドサイクルの歴史」、宮下高さんホームページ「アクティブ」、Invacare Corporation「FAQs: Competitive Handcycles」、公益社団法人自転車道路交通法研究会「自転車の道路交通法」、「茨城県障害者スポーツ指導者協議会」、「風輪道」、一般社団法人日本パラサイクリング連盟「二〇一六年リオデジャネイロパラリンピック自転車競技・参加選手枠決定方法について」、サイクルスポーツセンター「伊豆ベロドローム」、障害者スポーツ専門サイト「MA SPORTS」を参照した。

という。クランクの代わりに、チェーンで車輪を操作するというタイプだった。

ちなみに、日本で最初にハンドバイクが発売された一九八九年には、宮下高(4)さんという人がモントリオールからバンクーバーまでの五〇〇〇キロをハンドバイクで走破している。もともと車椅子マラソンのランナーだった宮下さんの挑戦は、前輪を得て世界に舞台を広げることになった。

ハンドバイクのレース競技

パラリンピックをはじめとする、ハンドバイクのレースについても触れておきたい。

一九八六年にアメリカのクリス・ピーターソン(5)がスポーツタイプを中心としたハンドバイクメーカー「トップ・エンド（TOP END）」を設立したのがそのはじまりで、それ以来、ハンドバイクはヨーロッパにわたり、オランダ、ドイツ、オーストリアの各社が

スポーツタイプのハンドバイク

永野が乗っていた初期のハンドバイク

続いて製造に着手していった。

初めてのレースは、一九九三年に開催されたスイスのヨーロッパ選手権である。このときから徐々にスポーツとしての認知度が高まり、二〇〇〇年には、スイスとフランスにまたがるレマン湖の周囲一七四キロを超える長距離レースが行われた。ワゴン車や自転車が伴走したというから、ちょっとした「ツール・ド・フランス」のような光景であったと思われる。

パラリンピックでは、二〇〇四年のアテネの男子参考種目として開催され、二〇〇八年の北京パラリンピックでは男女の正式種目として採用された。二〇一二年のロンドンパラリンピックでは、タイムトライアル（一六キロ）、ロードレースという種目で元F1ドライバーのアレッサンドロ・レオーネ・ザナルディ[(6)]が金メダルを獲得している。

タイムトライアルでは一六キロを二四分五〇秒二二、六四キロのロードレースでは二時間三二

（4）　車椅子マラソン・ハンドバイク選手。一九四六年、北海道生まれ。一九七〇年に胸部以下麻痺となり、車椅子生活を送っている。一九八一年から車椅子マラソンをはじめ、北海道一周を敢行し、アラスカでのタイムレースに参加するなど数々の記録を残している。

（5）　（Chris Peterson）「トップエンド」の創始者。バスケットボールやラグビー用の車椅子を次々に開発し、一九九二年には3輪のデザインで複数の特許を取得した。一九九三年にトップエンドは、介護医療製品メーカー「Invacare Corporation」の一部門となっている。

秒でゴールしている。Ｆ１レーサー時代は時速三二〇キロを出していた彼が、事故を経てハンドバイクに転向したわけだが、およそ時速三二キロものスピードをハンドバイクで出していることになる。

パラリンピックにおける自転車競技を、もう少し詳しく紹介しておこう。ロンドンパラリンピックの自転車競技（Cycling）では、先にも述べたように、「ロードレース（Paralympic Cycling Road）」と「トラック競技（Paralympic Cycling Track）」の二種目が行われた。

・**ロードレース**——一般道やレースサーキットを使い、エントリー選手すべてが一斉スタートし、着順を競う自転車マラソン。

・**タイムトライアル**——一定間隔を置いて、一人ずつスタート地点から飛び出していき、規定の距離を走り切ったタイムを測定して順位を決める。

競技では、足を切断した選手や軽度の脳性麻痺選手は一般の競技用自転車を使用するが、脳性麻痺などで体幹バランスの悪い階級の選手は三輪自転車、視覚障害者はパイロットとともに行うタンデム（二人乗り）自転車を使用している。なお、障害特性によっては自転車の改造も認められている。また、それぞれの階級（概要）は**表１**のようになっている。

表1　障害の違いによって定められている階級

クラス		内　容
ハンドバイク	H1	四肢麻痺 C6以上、および重度の四肢遠位部で起こる不随意運動(アテトーゼ)/運動失調/ジストニア
	H2	四肢麻痺 C7/C8および重度の四肢遠位部で起こる不随意運動/運動失調/ジストニア
	H3	C Th1から Th3の完全損傷に一致する機能障害を持つ対麻痺
	H4	Th11以下の完全損傷に一致する機能障害を持つ対麻痺 下肢の機能が無いか、機能制限がある ・正常あるいはほぼ正常な体幹の安定 ・非脊髄損傷、クラス H4(ex-H3)と同等の機能障害プロフィール ・下肢機能の不全喪失、クラス H4(ex-H3)または H5(ex-H4) と同等の身体機能であり通常の自転車、三輪車あるいは立膝姿勢のハンドバイクの安全な使用を妨げる他の障害を伴う ・横たわった姿勢のハンドバイク(AP-バイク) ・両麻痺およびアテトーゼ/運動失調/ジストニア(上肢はほぼ正常)、おもに下肢痙性グレード最小3の片麻痺.
	H5	Th11以下の完全損傷に一致する機能障害を持つ対麻痺 両下腿切断または両膝離断 ・片大腿切断、片下腿切断(最小限障害) ・通常の自転車、三輪車安全な使用を妨げる他の障害を伴う下肢の機能の不完全な障害 ・立膝姿勢(ATP-バイク)、可動性の縮減が立膝を妨げるなら、競技者は H3の横たわった姿勢のバイクを使用できる ・主に下肢の痙性グレード2の片麻痺 ・両下肢の痙性グレード2の両麻痺 ・軽度から中度のアテトーゼまたは運動失調
トライサイクル	T1	片麻痺/両側/四肢 片麻痺、下肢および上肢の痙性グレード4
	T2	主に下肢の痙性グレード2の片麻痺/両側/四肢麻痺
自転車競技	C1	重度の片麻痺、下肢および上肢の痙性グレード3 同側あるいは対角上の片大腿切断、片上腕切断、片前腕切断で義肢使用または不使用
	C2	片麻痺、主に下肢の痙性グレード2 片上腕切断、義肢使用または不使用 + 片膝離断、義肢使用
	C3	片麻痺、主に下肢の痙性グレード2、上肢の痙性グレード1 片上腕切断(肘関節離断を含む)、義肢不使用 + 片下腿切断(足関節離断を含む)義肢使用
	C4	片麻痺、主に下肢の痙性グレード1から2 片下腿切断、義肢使用 + 片前腕切断、義肢使用または不使用
	C5	痙性グレード1度あるいは冒された腕においてそれ以上 最少機能障害：親指を含むすべての指の(MCP 関節を通る)切断あるいは足部前1/2以上の切断。
タンデム	B	光の知覚が無い、からどちらかの眼の視力が6/60まで、および/または視野が20度未満.

出典：国際自転車競技連合、日本自転車競技連盟の資料をもとに筆者作成。

ちなみに日本では、藤田征樹選手(7)が義足を装着して、二輪の競技用自転車を漕ぐC3の部門で北京とロンドンパラリンピックで快挙を遂げている。北京パラリンピックでは、一キロタイムトライアルと三キロ個人追抜で銀メダル、ロードレースで銅メダル、ロンドンパラリンピックではロードタイムトライアルで銅メダルを獲得している。北京オリンピックでは、予選で三キロを三分五二秒二五三というワールドレコードを更新し、驚異的な記録をマークした（その後、金メダリストのサイモン・リチャードソンが記録を塗り替えている）。

こうした記録が追い風となってか、国内でも日本自転車競技連盟による合宿の強化や世界標準仕様の競技施設「屋内型板張り二五〇メートルトラック」の完成により、サポート体制が構築されつつある。二〇一三年には、藤田選手ら八名が強化指定・育成選手に選ばれている。こうした指定を受けた選手が、海外での大会への派遣対象となる。

なお、ハンドバイク（H1～H4）の部門では、まだポイントを満たしてパラリンピックに出場した選手はいない。茨城県で車椅子の販売や修理を行っている奥村直彦選手(8)が国内のロードレースにおいて時速三五キロ近くを記録したことがあるが、ロンドンパラリンピックの際には、事前に結果を残すことができず、出場を逃している。

ところで、パラリンピックの自転車競技における選手枠だが、各地域（日本はアジアブロック）で規定されており、各国のパラリンピック委員会に配分されている。リオデジャネイロパラリンピックに向けてアジアで出場できる選手枠は、男子が六名、女子が三名となっている。選考資格として、国際自転車競技連合公認の国際的なパラサイクリング大会に一回以上出場していることなどが定められており、各大会における実績から出場権を獲得することになる。

ただし、この枠は自転車競技を総合して設定されているため、いくらハンドサイクルのタイムトライアルでアジアランキング一位を収めたとしても、両足駆動ができるロードレースC1～C5や視覚障害者のタンデム（B）でそれ以上の成績を収めた選手がほかにいれば、パラリンピックに出場することはできない。

（6）（Alessandro Leone Zanardi）元F1レーサー。一九六六年、イタリア・ボローニャ生まれ。二〇〇一年、ドイツで行われたF1レース中、他のマシンと衝突して損傷を受け、膝上を切断した。ハンドバイクに転向後、初出場したロンドンパラリンピックで金メダルに輝いている。

（7）トライアスロン選手、自転車競技選手。日立建機株式会社所属。一九八五年、北海道稚内市生まれ。二〇〇四年に交通事故により両下脚を損傷し、切断。その後、義足でトライアスロンに挑み、北京パラリンピックでは三つのメダル、ロンドンパラリンピックでは銅メダルを獲得している。

（8）一九六一年、茨城県生まれ。一九八五年に交通事故により車椅子生活となり、一九八七年から車椅子マラソンをはじめる。二〇一〇年アジアパラ競技大会自転車ロードレース個人TTで優勝、二〇一二年UCI パラサイクリング・ロード・ワールドカップ（ローマ）では、ロードレースで一二位　個人タイムトライアルで一八位の成績を収めている。現在、茨城県稲敷郡阿見町で車椅子の販売などを手がける「風輪道」を経営している。

パラリンピックを目指すには、上腕だけで自動車並みのパフォーマンスをし、国際大会でほんのひと握りのチャンスをつかみ取らなければならないということになる。どのジャンルも世界の壁は厚いわけだが、二〇一三年、永野はそれを目指すことを決断した。

トレーニングのはじまり

世界の壁に立ち向かうのはまだまだ先のことである。二〇〇五年の時点で、永野は東京から福岡までの一二〇〇キロを走行することに決めた。初めてのチャレンジとはいえ、一度宣言した以上、途中でリタイヤすることなく完走しなければならない。

アダプタータイプとスポーツタイプのいずれをパートナーにするかと迷った永野だが、ほぼ道路に寝そべるような傾斜の座椅子では、見通しの悪い坂道や車が出す排気ガスで視界を奪われかねないと判断し、アダプタータイプを採用することに決めた。そこで、後輪部分の車椅子は三貴工業所に、前輪部分のアダプターを千葉にある株式会社テレウス[9]の木戸司社長のご厚意で使わせていただくことになった（一二ページ参照）。

だからといって、とんとん拍子に話が進んだわけではない。三貴工業所の芝崎事業部長も、テレウスの木戸社長も、同じ言葉を発している。

「気持ちは分かるけどねぇ……」

「本当に、できるの？」

　確認は何度となく繰り返された。ハンドバイクを提供することで、「ケガをしたら……」、「事故で誰かを巻き込んでしまったら……」という心配の種が頭をよぎる。単なる思いつきだけで、好意を示してくれるメーカーに傷を付けるわけにはいかない。しかし、永野はハンドバイクにぞっこんとなってしまっている。心に決めた以上、もはや後には引くことができなかった。

「ハンドバイクで福岡に行かなければならないんです！」

　この永野の懇願に、木戸社長はドイツから輸入した一台を快く提供してくれた。さすがにアダプター式、通路や階段といった幅にゆとりのない集合住宅でも容易に持ち運びが可能だし、置く場所も困らない。あとは練習あるのみだ。

「テレウスカップ」での様子（提供：テレウス）

（9）　ハンドバイクの輸入・販売を行っている会社。二〇一一年より「テレウスカップ」というレースを開催している。〒271－0076　千葉県松戸市岩瀬153－1　アセッツ松戸　102号　TEL：047－369－1919

アダプター部分が届くまでの間、永野は車椅子での練習をまずスタートさせた。

車椅子は一見、漕げば前進する単純な設計のように見えるが、案外、自らの意志どおりには進まないものである。普通に歩いているだけでは平坦と感じる道でも、車椅子に乗った状態では、側溝のほうに向かえば向かうほど道が斜めに下がっていることに気付く。だから、道路の端に寄って漕ぐと頭はどんどん側溝のほうに傾いてくるし、その軌道修正が結構難しい。


「これは慣れるしかないな」

永野は、土日だけでなく平日の夜も練習をすることにした。

車椅子に乗りはじめてから数日が経過したころ、永野は一〇キロ超えの走行にチャレンジした。コースは東京の環状線、山手線の東に位置する三ノ輪から西の早稲田までの約一四キロ、電車を乗り継ぐと三〇分足らずの距離である。二時間くらいあれば余裕で到着すると思っていた永野だが、そんなに甘くはなかった。

結局、ゴールまでに七時間もかかってしまった。直射日光を受けて、頬は一日にして赤らんだ。計算すると、時速は二キロ足らず。一二〇〇キロを走ることを前提とすれば六〇〇時間もかかってしまう。一日に一〇時間走っても、二か月かかる計算となる。

「結構な目標をぶち上げてしまった……」とため息をこぼしながらも、手のひらの皮が硬くなっていくのを永野は確認した。

繰り返すようだが、これまで永野は車椅子に乗った経験がない。正確に言うと、乗るのを拒んでいたのだ。良くも悪くも、「大変だろう」、「障害があるのね」という周囲からの視線が集中してしまう。そうした視線や周りからの反応を避けるために、永野はリハビリを行い、自力での歩行を続けてきたのである。

自分が避けてきた視線を再び集めながらも、永野は練習を続けた。そしてある日、待ちに待ったアダプター部分が届いた。

早速、車椅子に装着して公道に出たのだが、集まる視線が一八〇度違った。大人も子どもも、みんな「かっこいい‼」と言って近づいてくるのだ。初めて目にするフォルムに驚嘆しているのが分かる。

「だろ！　かっこいいだろっ！」

周りの反応が、改めて永野の気持ちに火をつけることになった。そうなると、ハンドバイクと自身の一体感がさらに高まってくる。一二〇〇キロ走行が現実味を帯びはじめた瞬間である。

永野は、再び「走るぞ！」と周囲に宣言した。そうすることで、自らの気持ちを引き締めたのだろう。事実、練習をすればするほど周囲からの期待は高まったが、その一方でプレッシャーも感じるようになっていた。

東京－横浜の練習行程図

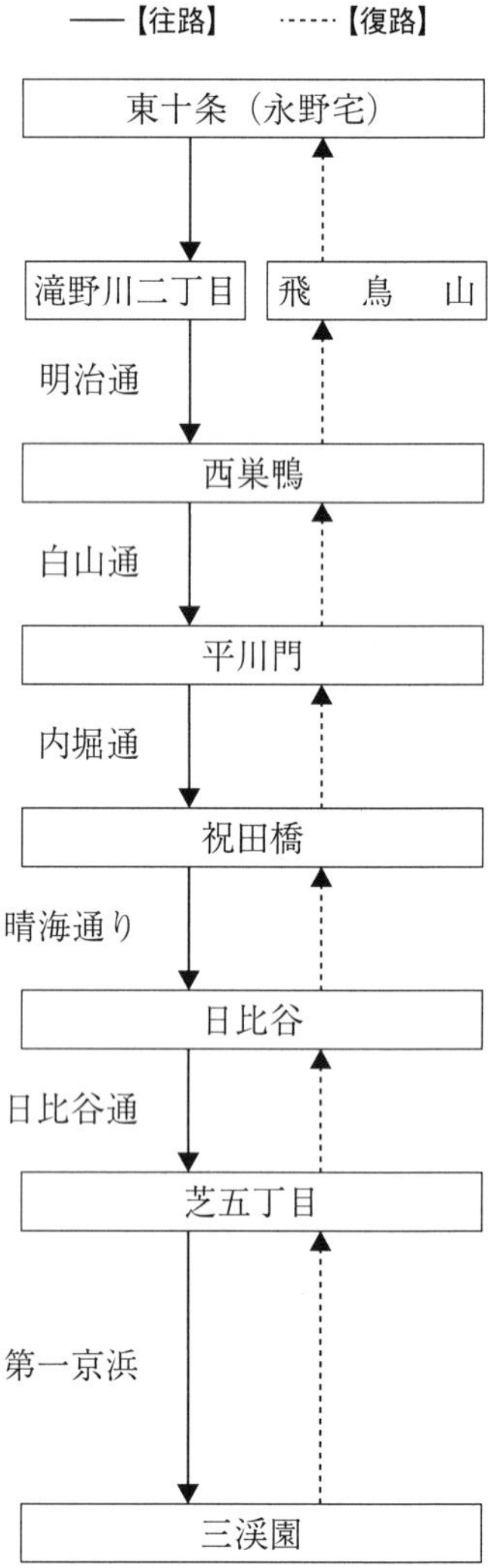

一二〇〇キロを走りきるには、がむしゃらな根性だけでは難しそうだ。軍手を二枚重ねてはめ、少しずつ距離を伸ばしていった。三〇キロ、四〇キロ、五〇キロ……。その当時住んでいた東京都北区の十条から横浜までは約五〇キロ。国道1号線や幹線道路を走るといった練習も行った。

もちろん、距離を稼ぐということに加えてスピードも上げなければならない。そのために、目標タイムを決めて取り組むことにした。そして、自らを駆り立てる何かを……名づけて「アイス・トレーニング」。東京・荻窪にあるアイスクリーム店を目指し、購入したアイスクリームが溶けないうちに約一五キロ離れた自宅に戻るというものである。

「何とかして、自宅で待っている仲間にアイスを届けなければ……」

アスファルトにタイヤが擦れるたびに、腕に熱が伝わってくる。アイスが溶けないかどうかハラハラしながら道路標識に目をやり、自宅までの距離をカウントする。往復三〇キロ。自宅に戻った永野は、ドロドロに溶けきってぬるくなったアイスをスプーンですくいながら、残りの一一七〇キロの道のりを想像していた。

制覇すべき道のりを「TE－DE（手で）マラソン」と名づけたのは、ちょうどこのころである。

◎TE－DEマラソンのキックオフ

二〇〇六年一〇月六日、東京・衆議院第二議員会館。

二〇〇六年一〇月七日、福岡・ベイサイドプレイス博多埠頭。

この二日間は、永野をはじめとして「TE－DEマラソン」にかかわってきたスタッフにとっては大切な日となっている。「TE－DEマラソン」を社会に初めて伝えた日、キックオフの日である。

練習走行が合計五五〇〇キロに達したころ、永野は自らの思いつきに賛同してくれたメンバーと、どんな準備をして、どんな練習をして、どんなコースを走っていけばよいかについて、月例という形で会議を重ねていた。そのなかで、次のような意見が挙がった。

「世の中の人にしっかりと伝えなければ、ただの自己満足な企画になってしまう」

このとき、スタッフの誰しもが「記者会見」を行うなんて夢にも思っていなかった。会見などができるのは、有名人や芸能人にかぎられると思っていたのだ。しかし、提案した友人の実行力はメンバーに驚く暇を与えなかった。

「主張があるのだから、伝える義務がある」

初めて衆議院第二議員会館を訪れた。普段は、政治家の記者会見などに使われているのだろう。長机とパイプ椅子が並ぶ奥に案内されると、全国紙の記者やテレビ局の関係者が集まっていた。永野は記者たちに向かい、自分なりの意見と、障害者やなにがしかのチャレンジを試みようとしている人々の代弁者として、以下に挙げる三つのことを発信した。

①障害者が実際に活用できるバリアフリーインフラ整備の訴求

日本各地でバリアフリーのインフラ整備が盛んに行われて

記者会見を行った衆議院第二議員会館

いる。しかし、どれくらいの障害者や高齢者のニーズに合っているのだろうか。今回、一二〇〇キロのハンドバイク走行にあたって、バリアフリーインフラの再整備、そして必要な場所へのバリアフリー整備の提案を、身体を使って一二〇〇キロ走ったからこそ分かる永野が地域自治体に現状報告し、改善に向けての提案をする。

②ハンドバイク競技とハンドバイクの普及拡大

今回のTE－DEマラソンで使用する「ハンドバイク」（アダプタータイプ）は、どんな車椅子にも着脱ができ、移乗の必要がない。車に積めばさらに行動範囲が広がるし、市街地などを走るのにも適している。つまり、身体の大きさや障害の度合いに関係なくサイクリングを楽しむことができる。もちろん、排気ガスを発生させることもないので環境にも優しい。

障害者でも高齢者でも、環境に配慮しながらスポーツを楽しむことができる素晴らしいアイテムであるし、欧米ではハンドバイクレースも盛んに開催されている。今回、障害者だけではなくいろんな方に乗っていただけるよう、道中の休憩場所や宿泊地では、申し出があればできるかぎり試乗していただき、ハンドバイクのよさと利便性を分かってもらいたい。

③障害者スポーツの裾野拡大

障害者スポーツには、ゴールボールやシッティングバレーなど、障害者と健常者がともに楽しみ競争できるスポーツが多々存在している。パラリンピックのテレビ中継や各地で行われている試合を通じ、ぜひいろんなスポーツを知っていただきたい。

まずは、ハンドバイクに乗って走っている永野の姿を見ていただき、そのほかの障害者スポーツにも興味をもっていただきたい。そして、障害者スポーツを取り巻く環境整備を訴えることをとおして、ユニバーサルな社会の実現を訴えていく。

永野は、このように記者団に言いきった。すると、かつて芝﨑事業部長や木戸社長が永野に確認してきたように、会見を聞き終えた記者たちが「本当にやれるのか？」と訊ねてきた。永野の胸のうちには「分からない」というホンネがあったのだが、会見の場で「分かりません」とは口が裂けても言えない。

「走ります！」

永野は記者団の顔を直視し、こう言った。と同時に、「責任」という二文字が永野の双肩に刻み込まれることになった。

「絶対に嘘つきにはなりたくない」、意固地な想いが永野の走行を支えたことはまちがいない。

第2章

上腕で日本を駆けめぐれ！「TE－DEマラソン」の記録

ハンドバイクとともに日本を縦横断

故郷へ、出発進行！

練習をはじめて二年、二〇〇八年の正月を迎えたころにロードマップが完成した。永野宅のリビングルームは、全行程を同行する伴走者の細田をはじめ、スタッフでぎっしり埋め尽くされていた。暖房が不必要なぐらい熱がこもっている。細田が膨大な資料を取り出した。

一日の行程ごとに印刷されたA3サイズの地図は、一〇日分で一〇枚。スタッフが、机に広げられた地図に顔を寄せる。初日は日本橋から熱海まで。横浜までは国道15号、そこから国道1号を通るコースとなっていた。永野がカラーマーカーでルートをなぞると、ほぼ箱根駅伝と同じコースとなっていた。それ以降、熱海に向かう途中には「高低差あり」と付記した。このような確認作業を終えて全ルートが決まった段階で、細田が宿泊地、休憩地点、スピード、三度の食事を摂る場所から食事内容までを提案した。

地図を広げるとワクワクしたという。浜名湖に富士山、琵琶湖に姫路城――一都二府一〇県をこの手で走りきることになる。これまでの最高速度で一〇日間にわたって走り通すこと、このときは微塵の不安もなかった。

そして季節はめぐり、迎えた一〇月九日。翌日がスタートだというこの日、永野はいつもと変わることなく勤務先である印刷会社に向かった。「スタートのことが気になって、仕事が手につかなかった」と振り返って言うが、翌日からまとまった休暇をとるために、やり残しがないように仕事に励んだわけである。自宅に戻って、衣服、工具、自転車のスペア部品、撮影機材、飲料水などを積み込む。そのとき、時計は二二時三〇分を回っていた。そこから、スタート地点である東京・日本橋のホテルへ移動した。伴走者と別れてベッドに入ったのは午前一時すぎ。はやる気持ちが目を冴えさせ、なかなか寝つくことができなかった。

思いつきから約一〇〇〇日、あと数時間で「TE－DEマラソン」がスタートする。スタッフや友人たちは、「史上最大のわがまま」と言って永野をからかったものの、「当日には見送りに行く」と言ってくれていた。ほどよいプレッシャーからか、一〇月だというのに脇の下や手のひらには汗がにじんでいた。

さて以下では、これまでに行ったTE－DEマラソンの様子を、永野自身の言葉で語ってもらうことにする。〈月刊リハビリテーション〉に二〇〇八年八月から二〇一二年三月まで連載したものを、今回の出版に際して加筆・修正をしたものである。「東京－福岡」、「ピースラン」、「九州一周」、「日本横断」、「日本縦断」と日本全国を走りながら、永野はいったい何を感じ、何を目指すことになったのだろうか。ライブ感に満ちた記録を楽しむと同時に、人との関係のあり方を考えていただきたい。

TE－DEマラソン　東京↓福岡　一二〇〇キロ

いざ、スタート

2008年10月10日 1日目
東京・日本橋〜静岡・熱海　115・66キロ

早朝の五時三〇分、ホテルの外はまだ薄暗い。街路樹は少しずつ葉を落とし、ハンドバイクの進む道に積み重なっている。少しひんやりとしそうだ。一枚、肌着を着込むことにする。

身支度を整えた僕は、隣室の細田さんに声をかけた。すでに起きていた細田さんは、軽いストレッチを行っていた。ホテルの裏手に回って大通りに出る。全行程を伴走してくれる細田さんが、僕の後方についた。

日本橋にある麒麟像のもとに移動すると、テレビ局や新聞社、応援者の方など五〇名ほどが集まっていた。西日本新聞の取材に僕は、「プロレスは瞬発力だが、今回は持久力と精神力が必要。肉体的にも精神的にも健常者と変わらない。強い障害者がいることを伝えたい」と話した。

「10・9・8……5・4・3・2・1！　スタート！」

短針が七時を指すと同時に、僕の右手は大きくハンドルを前方に押し出した。すぐうしろに細田さん、その後方に、僕のセミナーを聴講し、伴走役を申し出てくれた阿部章子さん、そしてワゴン車が一台。NPO法人「STAND」(1) のスタッフのみなさんが全行程を記録し、ホームページ「モバチュウ」(www.i-project.jp/stand/mobachoo/event.html) で中継してくれることになっている。いずれのタイヤも新調したばかり、万全の態勢だ。

出足は順調、ぐんぐんスピードを上げた。横浜に入ると、アップダウンが激しくなった。机上の計算というのは、一つの要素を入れ忘れただけで途端に方程式がぶれてしまう。地図上での走行距離は計算していたが、高低差までは調べ忘れ

(1)「ユニバーサルコミュニケーション」を社会活動として推進するNPO法人。〒150－0022　東京都渋谷区恵比寿南1－18－2　TEL：03－5773－4705

スタート直前、記者からの取材を受ける

ていた。一キロくらい坂が続いたと思ったら、勾配の急な階段が目の前に現れた。しかし、もう走りはじめてしまっている。計算し直すことも、ゴールの予定日をずらすこともできない。もちろん、誰も責められない。

川崎に差し掛かろうかという一五キロ地点、ブレーキあたりから「シュッシュッ」と擦れるような音が聞こえてきた。ブレーキパッドがタイヤにあたっているようだ。こうした音は以前からも聞こえていたが、今回のチャレンジまではさほど気にはしていなかった。しかし、これから福岡までの長旅が続く。ハンドバイクを路肩に止め、用意していた工具で調整を行った。横浜までは、練習で何度も走った道だ。コンビニの位置まで頭に入っている。

そして、五九キロ地点。小田原を越えたあたりで頬に冷たい雨があたりだした。ゾクッとしたが、カッパを着込むほどではない。ハンドルがすべらない程度だったので、そのまま直進した。だんだん気温が下がり、陽が暮れてくる。

手こぎ自転車で東京→福岡

1200キロ 障害者が挑戦

プロレス団体代表 福岡出身の永野さん

「心と体 健常者と同じ」

「こつこつ続ければ必ず達成できる」。福岡の障害者プロレス団体「FORCE」代表、永野明さん(35)=東京都北区在住=が、福岡まで千二百キロを十日間かけ手こぎ自転車（ハンドサイクル）で走破しようと十日朝、東京・日本橋を出発した。障害者の自立をアピールし、沿線途上で街や道路のバリアフリーの実態を点検するのが狙いだ。

福岡市出身の永野さんは一歳で脳性まひになり、自力で歩くことはできるが四肢に障害がある。十九歳で上京、印刷会社に勤めながら障害者プロレス団体「ドッグレッグス」に参加。二〇〇〇年には故郷で「FORCE」を設立し、両団体で年間約八試合に出場する。

三年前、ハンドサイクルで百キロ走った障害者をテレビで見て「自分ならもっと走れる」と、プロレス仕込みの腕力で故郷を目指そうと決めた。通勤時や休日に練習を重ね、計五千五百キロを走破。腕は二段入りペットボトルほどの太さになり、「おかげでプロレスでも負けなくなった」と笑う。

この日、友人ら約五十人に見送られた永野さんは「プロレスは瞬発力だが、今回は持久力と精神力が必要。肉体的にも精神的にも健常者と変わらない、強い障害者がいることを伝えたい」と話した。名古屋、大阪、広島を経て十九日夕、福岡市のヤフードームに到着予定。全行程をインターネット=http://www.i-project.jp/stand/mobachoo/te-de/=で中継する。

福岡を目指し手こぎ自転車の旅のスタートを切った永野さん=10日午前7時ごろ、東京・日本橋

西日本新聞　2008年10月10日付夕刊

この日一番の大勝負、真鶴越えを迎えた。

　切り立った海岸をもつ真鶴は、起伏が多く平地が少ない。市街に出るにはその傾斜を越えていかなければならない。きつい坂道が続く。それに加えて陽が落ち、身体が冷え込んできた。筋肉が収縮しているのか、腕のふりかぶりが次第に小さくなる。

　気が付くと、視界が狭まってきた。陽が落ちたという現象だけではない。極度の疲れなどが原因で意識がブッ飛んだ。そのまま、腕だけが自転車を漕ぎ続けていた。これには、スタッフもさすがにビビった。

ラスト七・八キロ。

　あとから分かったことだが、スタッフは僕に声をかけると、コンビニの横に停車させたらしい。キャラメルクリームの入ったパンとみたらし団子を口にし、ようやく僕の視界に光が差し込んだ。地上からは、すっかり太陽が消えていた。

　あと五キロ。宿泊先には、応援に駆けつけてくれた別のスタッフやテレビ局のカメラがスタンバイしている。誰かを待たせるというのはどうも落ち着かない。車のテールランプを頼りに、ただただ前進した。

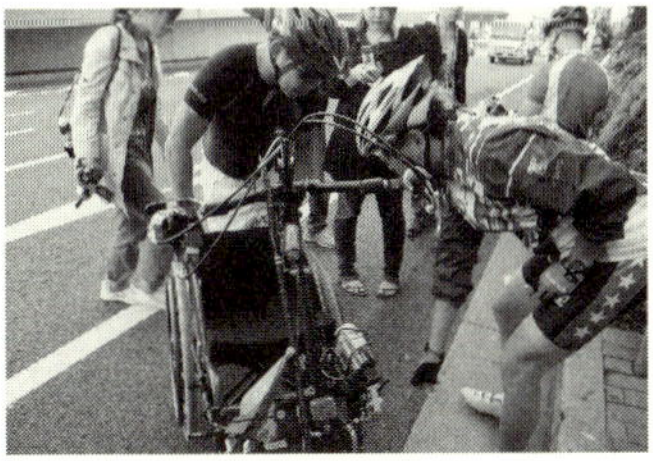

工具で調整

真鶴の上り坂

◎下り坂での加速

2008年10月11日 2日目
静岡・熱海〜静岡・御前崎　146・82キロ

タイヤを替えて2日目の出発

前夜は、ベッドに入るやいなや、電源が切れるように寝てしまった。気付くと、朝の四時三〇分。

この日は、スタートしてすぐに急な上り坂が四・五キロも続くということもあり、前日に使用していたタイヤよりも約一・五倍の幅があり、表面に深く凹凸がついたものに交換してから出発した。重量感のあるタイヤだ。少しハンドルに重みがかかるが、坂道を下る際にはしっかりと安定しているから安心である。

タイヤ交換は、普通の自転車と同じ要領で行う。自転車屋に依頼するのが一般的だが、慣れると自分でも交換できる。

静岡県は「百山」と呼ばれるくらい山が多く、安倍川や天竜川といった河川、そしてその支流が駿河湾に流れ込んでいる。肥沃な土壌をつくってくれる河川だが、幾重にも続く橋にハンドサイクリストは泣かされてしまう。そうした橋を上るときの勾配はきついが、下るときには時速三〇キロくらいのスピードが出て時間を稼ぐことが可能である。アップ、ダウン、アップ、ダウンと続けていくと、街の景色も変わってきた。

一二〇〇キロの道のりは、言うまでもなく遠い。中盤に差し掛かってくると、腕を上下するという行為が単純作業となってくる。このとき、よりスピードアップしていくため、僕は自らに目標を定めることにした。次は静岡だ、次は名古屋だ、というように地名を変えることでゴールまでのモチベーションを保つことにした。

角を右に曲がった途端、壁のような急勾配の坂が現れた。ハンドルを前に押し出しながら前進する。しかし、タイヤは鉛のように重い。勢いよくとはいかず、徐々にしか前に進んでくれない。

坂を三〇〇メートルほど上ると、肩から軋む音が聞こえてきた。ハンドルを前方に回す際、

休憩をした藤田屋（愛知県知立市）

肩を起点にして腕をふりかぶるのだが、腕を前方に半回転させても肩は九〇度と回転しない。そうした回転数や稼動域の微妙なズレが原因だろうか、肩が擦れるような音が聞こえてきた。

予定どおりにはいかないものだ、と身体で感じた。このままでは、坂道をうしろ向きに下がってしまうかもしれない。

なすすべもなく、伴走者に背中を押してもらいながら坂の頂上まで上った。すでに時計は、予定時刻を一時間ほどすぎていた。今日は、この坂を越えればあとは下りと平坦な道が続く。それが分かっていたから上れたのかもしれない。

坂の頂上から一七・八キロの下り道。漕ぐ力は少なくてすむが、いかんせん加速が怖い。上りは体力を削られ、下りは精神力が削られる。一日一日が学びである。それに、日本を北から南へとつなぐ国道は、つくづく山々を削って造られたものだということが分かる。明日はもっとパフォーマンスを上げていくことができるだろう、と考えていたときに清水に差し掛かった。

ここで、応援に来ていただいていたロータリークラブのみなさんに怒られた。今述べたように、想像以上の坂道だったため到着時間が四時間も遅れてしまったのだ。激励どころかお叱りをいただいてしまった。

御前崎に差し掛かるころ、すでに時計は二三時をすぎていた。周りは真っ暗闇。先の見えない峠越えは正直いって怖い。でも、進むしかない。

伴走者に先を行ってもらうと、次第にコンビニの明かりで視界が広がってきた。

「あのコンビニの角を曲がって、坂道を上ったらすぐですよ」と言う伴奏者の言葉に少し安堵したが、そこに、オレンジ色のジャンパーを着たスタッフが飛び込んできた。

「明さん、もうすぐです。お疲れさまです」

すでにゴールしたような錯覚に陥った。ありがたいことに、ホテルの部屋には宮崎県の上水園が製茶した「バイオ茶」（七四ページ参照）を入れたお茶風呂が用意されているという。スタッフが気を回してくれたらしい。

到着してすぐに湯船にザブンと入り、肩や腰を思いっきり伸ばした。縮んでいた筋肉が伸びるような感覚を覚えた。そして、湯船でそのまま寝てしまっていた。

夜の11時すぎ、進むしかない

別れと出会い

2008年10月12日 3日目 静岡・御前崎〜愛知・岡崎 118・22キロ

三日目、スタートから同行してくれていたスタッフの一人、林智子さんが仕事の都合で東京に戻ることになった。記者として僕を取材してくれたこともある彼女は妻の響子とも仲がよく、プライベートでもすっかり友人となっていた。そんな彼女が、別れ際、僕にこう質問をした。

「もう一度聞くけど、何で走っているの？」

「社会的には、バリアフリーの啓発や障害者スポーツの拡大を訴えたいと思って走っているけどね。僕個人としては、実に単純なチャレンジ。昨日も遅くまで待っていてくれたスタッフ、それに、僕に最大限の睡眠時間を確保してくれているスタッフを裏切ることはできないよね。それが一番かもしれない」

一礼し、駅に向かう彼女を見送ると、気持ちを目的地に向けた。

改めて、今日のルートを確認する。初めての「三日目」となる。こ

モバチュウでインターネット中継

スタッフのサポートには頭が下がる

れまでは二日連続の走行経験しかないので、この三日目を乗り越えると新境地に達することになる。幸いなことに、この日の道中は峠も山も少ない。ただただ、前方にハンドルを押し出すという繰り返しになる。

クランクの回転にともなって車輪が回転運動を続ける。下り坂や平坦な道だと車輪の動力で前進するので、ハンドルを回す力は少なくてすむ。少しは体力を温存することができるかもしれない。

しかし、人間というものは贅沢にできているようだ。楽で単調だと、それはそれで面白くない。次第に、睡魔に襲われそうになり、スプレーで顔に水をかけながら走った。坂や暗闇に加え、眠気も強敵である。

ぼーっとした頭に朗報が飛び込んできた。東京に住む友人が、伴走するために新幹線からレンタカーに乗り換えてこちらに向かってきてくれているという。睡魔が一気に吹き飛んだ。どうやら、人間というものは単純にもできているようだ。

陽が暮れはじめると、みんな一斉に厚手の服に着替えた。ゴールまで三〇キロ。最後の最後に迎えた坂を上ると、幼いころにリハビリでお世話になった河野文光先生が家族とともに迎えてくれた。

歩道橋から横断幕

2008年10月13日 4日目
愛知・岡崎〜滋賀・彦根
136・33キロ

目覚めがすごくよく、昨日までの疲れはさほど残っていない。今朝は、スタート前にテレビ朝日の「やじうまワイド」に電話出演をすることになっていた。ラジオでの電話出演は何度か経験があるが、テレビは初めてである。

テレビ局からケータイに着信があり、放送を聴きながら待機していた。そして、いよいよ出演！　三〇秒ほどのやり取りだったが、少し緊張していたのか、何を話したのかあまり覚えていないが、「しっかり走る」ことを約束した。

六時一〇分、彦根に向けてスタート。

一〇月とはいえ、アスファルトは想像以上に日光を反射する。農道から都市部の道路に入ると、体感温度は五度くらい違う。温度計に表示された気温は、気休めにもならない。決まったポーズで腕を上下に振っていると、肘から手の付け根あたりが集中的に日焼けしてくる。時折、コンビニで氷やジュースを買っては、肩や腕に冷気を与えた。

道路の先に目をやり、標識で位置を確認する。その繰り返しで名古屋の市街地に入った。すぐ隣に豊田市があるためか、車の通行量がぐっと多くなる。道路も片側三車線、「一〇〇メートル道路」があることでも有名である。

ハンドバイクに乗ると、視線の高さが通常の自転車よりも低くなる。バイクのマフラーにあたる高さに、ちょうど目の位置が重なる。だから、車が多くなるとガスの臭いが鼻をつき、熱気を帯びた空気が顔にふりかかってくる。交通量が増える大都市は、少し緊張感を覚えてしまう。

名古屋市中区丸の内一丁目の歩道橋。二つの青い標識の間に幅三メートルほどの白い旗がヒラヒラとなびいていた。両手を広げ、旗を持っていたのは、本書の出版社である新評論の武市一幸社長。そして、その旗をつくってくれたのは、桜花学園大学の嶋守さやか講師（当時・現在は准教授）と学生の水野志保さんだった。

あとで聞いたことだが、嶋守先生と水野さんはかなり長い間待っていてくれたようだ。僕の到着が予定よりかなり遅れて、このときはお会いすることができなかった。

歩道橋から旗

会えなかった水野さん（左）と嶋守先生

その旗に書かれていた文字は、写真で見るように「GO！ V・明」。僕のシンボルマークである「月」のイラストまで描かれていて……ドキドキと心臓の鼓動が高まった。

ちなみに「V・明」は、僕が障害者プロレスの試合に出場する際のリングネームである。「月」は、満月や三日月、半月などとさまざまな形に変化していくが、その様子を自分に置き換えている。僕がレスラーであり、会社員であり、ハンドサイクリストであるように、人間にはいろいろな一面がある。そんな気持ちを表現したくて、月のマークを掲げてきた。

武市社長はギラギラと少年のような笑いを浮かべ、僕らが歩道橋を通りすぎたあと、こちらに駆け寄ってきた。ずいぶん、到着を待っていてくれたらしい。小休止した僕の肩を叩いたあと、僕らの背中が遠くなるまで見送ってくれた。

この同じ場所で、東京から同行してくれていたスタッフ三人ともお別れとなった。そのなかには妻・響子も入っている。

「気を付けて帰って」と言う僕に、

「ゴールで待っている」と妻は答えてくれた。

別れのあとは少し寂しい気持ちになる。黙々と次の目的地に向かうことにした。しばらく行くと、力強いサポートを得ることとなった。

「少し、いっしょに走らせてください」

愛知・一宮の手前で、精悍な顔つきの男性が声をかけてきた。聞くと、昨日、ゴール地点で迎えてくれた河野先生の娘さんとの結婚を控えているという。それよりも驚いたのが、その日のスタート地点、つまり岡崎からわざわざ追い掛けてきてくれたことだ。すでに五〇キロ近くも走っていることになる。彼にとって、往復一〇〇キロの走行は初めての挑戦となるらしい。強く感激を覚えた。

ほっと安堵したのもつかの間、昨日に引き続き少し肩に違和感を覚えはじめた。筋肉がきしむような感覚で、肩の稼動域がさらに狭くなってきているような気がする。それに加えて、日没してからの冷え込みが想像以上だった。頬に手をやると、手にこもった熱がどんどん奪われていくのが分かる。

ちょうどこのあたりで、阿部さんに疲れがたまっていることに気付いた。彼女はこれまで、何も言わずに僕のペースにあわせて走行してくれていた。そのため、この日は早めにワゴン車で宿に移動し、休んでもらうことにした。そして、二三時三〇分、僕も阿部さんの後を追って彦根に到着した。

◎雨と遅れでルート変更

2008年10月14日 5日目
滋賀・彦根〜京都　87・25キロ

この日、肩の痛みで目が覚めてしまった。肩と腕を動かすことができない。焦ってベッドの縁をつかもうとするが、手首にも力が入らない。

「ううう、痛！」

悶絶して悲鳴を上げる。枕元に置いた携帯電話になんとか顔を近づけて、妻に電話をした。

「今日は出発できないかも……」

ネガティブな言葉を発する自分にふがいなさを感じたのか、涙が流れてきた。

できるかぎりの対策を施す。スタッフに力を貸してもらって湯船にお湯を溜め、バイオ茶（七四ページ参照）のティーバックで「お茶風呂」をつくって身体を温め、肩のマッサージをしてもらった。とにかく、一人で何もできる状態ではなかった。

お風呂あがりに、整体院でいただいたクリームと、スポンサーさんからいただいたローションをスタッフにすり込んでもらった。少しずつ、腕を上げたり、左右に動かしたりしてみる。少し痛みを感じるだけで、悪いほうに悪いほうにへと想像力が働いてしまう。焦りだけが募ってくる……こんな状態で本当に走行できるのだろうか。

頭をかきむしって、スタッフに不安をこぼして机を叩いた。

「やはり、今日はスタートできないかもしれない……」

イライラが募るあまり、後頭部の髪を引っ張ったり、頭皮に爪を立てながらため息をこぼした。

ふと横を見ると、スタッフが目を丸くしてこちらを見つめていた。

「明さん、今、机を叩いていましたよね⁉　痛くないんですか、肩……」

僕の手は、つむじのあたりにあった。

痛みは感じるものの、腕はゆっくりと上がった。二の腕が耳の横にピタリとくっついた。徐々に痛みも軽くなっている。

「行けるぞ！」

肩にテーピングを施してからホテルの正面玄関に下り、ハンドバイクのグリップを握った。そして、少しずつハンドルを回してみる。その手に冷たさを感じた――雨だった。

打ちつける雨のなかを走りだしたが、身体が冷えてきたのでレインコートを羽織った。疲れのせいか、雨で視界を奪われているせいか、思うように身体が動いてくれない。しっかりとハンドルが握れないせいか、漕いでも漕いでもタイヤまで力が伝わらない。ただただ、腕が空回りしている。

織田信長が造った安土城跡を右手に見て走り、近江八幡市の長命寺あたりに差し掛かったころ、

「ちょっと待ってください」という声がうしろから聞こえてきた。今日二回目のアクシデントが起こった。阿部さんの自転車がパンクをしてしまったらしい。阿部さんはというと、肩を落としてションボリとしていた。

「自転車に乗りはじめて一六年、パンクなんてしたことがないのに……」

自動車でいうところの、無事故無違反のゴールド免許のようなものだ。残念そうな表情以上に、足止めをしてしまったことに対して申し訳なさそうに「すみません」を繰り返し、タイヤを傷つけたガラスの破片を恨めしそうに見ていた。

まだまだスマートフォンが普及していない時代。携帯電話の番号案内を利用して、近くの自転車屋を探したところ、修理してくれる店舗は

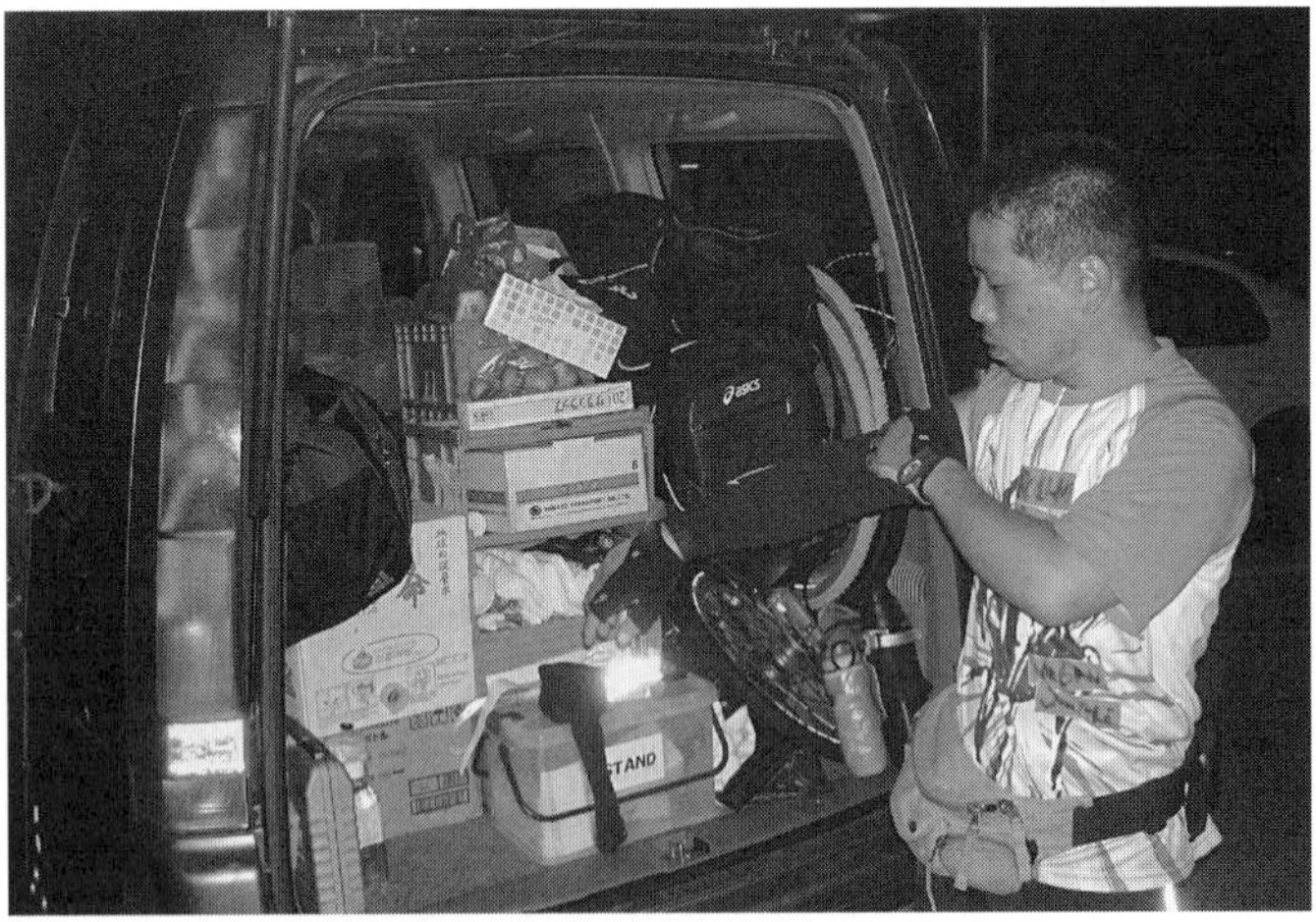

スタートの準備をする細田さん。伴走車の中がすごい

三〇キロ離れた所にしかないという。細田さんは、同行しているワゴン車のバッグドアを開いて「屋根」をつくると、阿部さんが用意していた替えのチューブをタイヤに挿入した。

何とか修理は終わった。しかし、まだまだ雨は降り止まない。しかたなく、琵琶湖周辺に移動してカフェで雨宿りをすることにした。

晴れ間を待っていると、雨が道路に打ち付ける音に混じって、遠くで僕を呼ぶ声がした。対向車線のほうに視線を向けると、ハンドバイクに乗った男性が手を振っていた。TE－DEマラソンを中継してくれていたホームページ「モバチユウ」を見て、面識のない僕の伴走を申し出てくれたのだ。インターネットの力はすごい！

まだまだ雨足は強いが、先へ進もう。僕たちは、同志となった彼とともに一キロほどをとも

雨の中、チューブ交換をする

に走った。同じ目線で走ることのできる仲間がいること、それはとても心強い。

時計を見ると二時間の遅れである。遠くに見える空も、まだ雲で覆われている。順調に進むという前提で計画を練っているものだから、先ほどの休憩は誤算でしかない。この遅れをどのようにして取り戻すかについてスタッフと話し合い、三つの方針を立てた。

・休憩を短くする。
・福岡までのルートを再設定する。
・道をまちがえない。

気が付くと、三時間も同じ場所に滞在していた。雨はというと、まったく止む気配を見せない。カッパを着たまま再スタート。

四〇キロほど走ってから「近江大橋」を渡った。ちょうど夕暮れ時で、雨も上がっていたせいか本当にきれいな風景だった。しばらく行くと、細田さんが僕に提案してきた。

「今日のゴール地点を、三宮から京都に変更しましょう」

彦根から京都までは約七〇キロ。目標としていた距離の約半分でしかないが、すでに夜の九時を回っている。相談した結果、僕たちは京都をこの日のゴールとした。そして、翌日の六日目からは、この日に走れなかった距離を加えて走行することにした。

初めての単独走行

2008年10月15日 6日目
京都市内～兵庫・姫路
147・92キロ

昨晩、宿に着いたのは二二時三〇分ごろである。連日深夜まで走っているので、ベッドに倒れ込むように寝てしまった。そして、四時三〇分に起床。体調管理のために毎朝飲んでいるアミノ酸を口に含んだら、意識も目覚めた。昨日の遅れを取り戻すために、出発は五時である。

いつもは賑やかな出発だが、阿部さんと細田さんを除くスタッフは二時間遅れで出発してもらうことにした。全員、疲れがピークに達している。五分でも多く睡眠をとってもらおうと、昨晩、提案していたのだ。

五時になった。しかし、細田さんが下りてきていない……まだ寝ているのか？　携帯電話に連絡をしても出ない。疲れ切って熟睡状態なのだろう。とはいえ、出発時間である。

「細田さん！　もう五時をすぎてますよ！　出発しましょう！」

と、ちょっとイラッとしながら起こし、予定より三〇分遅れでスタートした。

街中に出たが、外はまだ薄暗く、車も少なくて走りやすい。京都から、いざ兵庫・三宮までだ。まずは大阪を目指した。

二〇分ほど走ったら、目の前に「大阪」の二文字が書かれた道路標識が目に飛び込んできた。

ほっと安堵するが、標識が示す白い矢印は僕たちの進行方向とは逆を指している。焦った僕は、思わずブレーキを握った。

「細田さん、道、あってますよね⁉　あの看板、見てください。大阪は、逆の方向を指していますよ」

首をひねりながら細田さんは、地図を見ながら再確認をして、僕を諭すように強く言いきった。

「大丈夫ですよ！」

しかし、その様子はというと、なぜか不安そうである。不安なのは僕も同じ。横断歩道ですれ違ったおじさんに近づき、地図を差し出して訊ねた。

「大阪はどっちの方向ですか？」

「あっちやで」

おじさんの腕は真っ直ぐ、今朝辿ってきた道のほうを向いていた。出発地点から五キロ。時間は午前六時をすぎていた。

「細田さん、引き返しましょう。もう一度、今日のルートを確認してもらっていいですか！」

来た道を戻るというのは、なんとも癪である。時間のロスは一時間、距離は一一キロほどになっていた。昨晩立てた「三つの方針」の一つが、たった一時間でもろくも崩れてしまった。むかっ腹が立つが、細田さんだけを責めるわけにはいかない。イライラ感をぐっと抑えながら、僕は昨夜泊まったホテルのロビーに戻った。

結局、後追いするはずの阿部さんたちと合流することに……。いつものとおり、賑やかな部隊となった。

京都市街を抜けるころから陽差しが強くなってきた。京都らしい盆地の暑さなのだろう。走っているだけで体力が奪われていく。そして、もう一つの不安。

昨夜から、どうもギアの調子が悪かった。振り返ってみると、初日に調整したきり、一度も調整をしていない。すでに走行距離は六〇〇キロを超えている。赤信号のたびに小さなスパナを片手に持ちながら調整をしてみるが、なかなか調子がよくならない。休憩場所に到着後、改めてギアの調整を行って再スタートした。

次の目標は兵庫・三宮。すでに日没が近かった。

三宮をすぎたあたりから、なぜか狭い道に入った。また、道をまちがえたのかもしれない。僕はハンドバイクを止めて、細田さんに確認を求めようとしたそのとき、阿部さんの

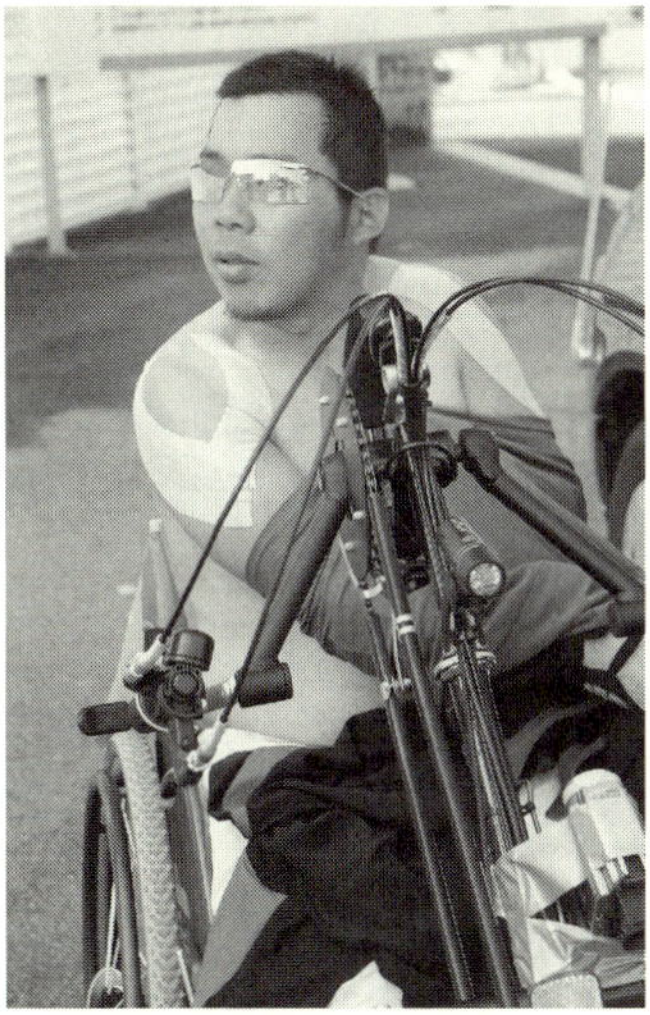

休憩所で身体もメンテナンス

少し大きな声が耳に届いた。

「細田さん、ウトウトしてたでしょ。大丈夫？」

それまで抑えていた気持ちにスイッチが入ってしまった。白い砂浜をかかえる須磨海浜公園で、僕は細田さんに怒りをぶちまけた。

「細田さん！　今日は何度も道をまちがえて、いったいどうしたんですか⁉　車で宿舎に向かって寝てください。僕は、細田さんのミスに巻き込まれると困るんです！　もう、一人で走りますからルート表をください！」

固く握った手のひらに、中指の爪の跡が食い込んでいた。それほど力が入っていたようだ。

細田さんは頼りない声で「大丈夫、まだ走れる」と言っていたが、無理やり宿に向かってもらうことにした。ここからは一人、初めての単独走行となる。潮風がすっーと、頬に触れた。

二一時二〇分、細田さんと阿部さんは、伴走車のワゴンで

スタッフとの別れ際

次の宿舎へ向かった。一人で走り出して三時間、明石駅を通過すると人通りや車が一気に少なくなった。勢いあまって怒鳴ってはみたものの、僕はなぜか細田さんの顔を思い出していた。電話をかけてみようかと思ったが、すでに時計は午前〇時を回っている。

電話を諦めてコンビニに入り、トイレを借りて雑誌棚にあった地図を広げてみた。

「現在地が明石で、姫路はどっちだ……」

明石から数ページ先に、ようやく姫路の文字を見つけた。おそらく、一五キロほどだろう。レジにいた店員に聞いてみた。

「姫路まで、何キロくらいありますか?」

「四〇キロくらい、あるんちゃう?」

店員の返答に、僕は愕然とした。平均時速は八キロほどに落ちてきている。あと五時間。これでは、宿に着くのが明日の出発時間になってしまう。焦って、駐車場に止めてあったハンドバイクに乗り込んだ。

強くハンドルを押したところでスピードが倍になるわけではない。ただただ、焦りばかりが募った。そして、自分に腹立たしいのか、細田さんに対して腹立たしいのか……空腹も手伝ってイライラが絶頂に達した。

めげずにしばらく走ると、伴走車から電話がかかってきた。

「今、引き返しています。明さん、どこですか？」

せっかく睡眠をとってもらおうと思っていたのに……と感じながら、正直なところ嬉しくてたまらなかった。スタッフは、まだ食事をとっていないと言う。僕は、「食事をとってから追ってきてほしい」と伝えた。

再合流したスタッフの顔にはエネルギーがみなぎっていた。牛丼が、ことのほか美味しかったらしい。たしかにお腹も空いていただろうし、何よりも、コンビニ弁当以外の食事はこの牛丼が初めてであった。

伴走車が戻ってくるなり、スタッフと僕は三人で仮眠をとった。一時間ほど横になると、頭がスッキリした。スタッフに先駆けて姫路に向かった。とはいえ、あと三時間で三〇キロを走れるだろうか。時計はすでに五時を回り、陽はすでに昇りはじめていた。

宿はまだ見えてこない。肩を回し、漕ぎ方を変えてみることにした。これまでは、手前から前方に山を描くようにハンドルを押し出していたが、奥から手前に引くことで回転を加えることにした。夜明けを迎えたとはいえ、まだまだ薄暗い。それに、いかんせん景色の変化がない。ようは、気分転換である。しかし、これが成功した。なんと姫路まで平均時速一五キロ、一キロを四分で走ることができた。

六時一〇分、姫路に到着。といっても、次のスタートはすぐである。

火事場のバカ力

2008年10月16日　7日目
兵庫・姫路〜岡山市内　93・10キロ

宿に到着した僕を、細田さんがTシャツ姿で迎えてくれた。申し訳ないという表情が見えたのも理由だが、無事にゴールできたことから細田さんを怒る気持ちはまったくなくなっていた。一声を発した細田さんの顔をよく見ると、表情にハリが戻っていた。

「おかえりなさい」

僕は、細田さんの肩を叩きながら言った。

「細田さん、聞いてよ。一キロ四分で走ったよ。時速一五キロだからね。すごいよ、マジで。何が起こったのかと思ったよ！」

細田さんはびっくりしつつも、いっしょに喜んでくれた。トレーニングのときからいっしょに走ってくれている細田さんだ、この時速がどれほどのものかは十分に理解してくれる。細田さんにもう少し休むように伝えてから僕は、日をまたいで

岡山を目指す

のチェックインをすませて、その二時間後に再び出発した。

この日の予定では峠越えが三回ある。睡眠時間の少なかった身体では少々辛い。寝ぼけた身体を起こそうと、前日のように漕ぎ方を変えてみた。昨日と同様、比較的スムーズに走っていける。

とはいえ、身体のことも考えて、この日は休憩の回数とともに一回の休憩時間を長めにとった。そのせいだろうか、何のトラブルもなく、二三時三〇分、なんとか岡山に到着した。翌日も早めのスタートを、と考えて就寝したが、結局起きたのは五時だった。

岡山を目指して力走

携帯電話でのインターネット中継

2008年10月17日 8日目
岡山市内〜広島・安芸津　141・49キロ

ゴールまであと三日。ペース配分も、体調管理も、慎重に行わなければならない。そのため、この日も細田さんたちは、僕の二時間遅れで出発してもらうことにした。僕自身も単独走行に慣れてきたこともあり、橋を渡ったり、川を横切るときには風を感じる余裕すら出てきた。

しかし、そうした余裕もつかの間であった。時計はすでに八時四五分を回っていたが、うしろを見ても細田さんの姿がない。

この日の九時には、ＮＰＯ法人「STAND」（二三三ページ参照）が運営するケータイのテレビ電話機能を使ったインターネットライブ中継「モバチュウ」での中継が予定されている。しかし、そのためのカメラは細田さんの手元にある。細田さん、いやカメラの到着はいつになることか……。

「STAND」の東京事務所に設置されている中継本部に連絡してこのことを伝えると、僕の携帯電話を通じて中継を行うことになった。

ハンドルの前に携帯電話を固定する。ビニールテープで固

モバチュウのトップページと自転車に付けられたカメラの写真（写真提供：NPO 法人 STAND「モバチュウレポート」）

定したカメラはちょっと頼りがないが、なんとかインターネットには接続できた。おそらく、僕の顔が「どアップ」で流れていたことだろう。少し恥ずかしさを感じつつも、中継の約束は果たすことができた。

携帯電話をハンドルから外して時計を見ると、一〇時近くになっていた。ようやく、細田さんたちと合流することができた。

みんなと合流して安心したせいか、徐々に「体力の限界」を感じるようになった。何と言っても、今日は暑い。肩も思うように動かない。立ったままでも爆睡できそうな感じである。自分の顔を叩いたり、手の甲をつねったりして刺激を与えた。

次第に陽が暮れ、今日中に広島に到着することを決めていた阿部さんが、早めに走行を切り上げた。

伴走車が阿部さんを宿舎まで送ったあと、再び細田さんと二人で走ることとなった。疲れが溜まってきているためだろ

伴走車で送られる阿部さん

うか、僕は細田さんに愚痴を吐きまくっていた。

「なんで、このルートにしたんだっけ」

「本当に着くと思う?」

「今、なんで走っているんだっけ」

もはや、マイナス思考の極みである。今振り返ると、本当に申し訳ないことをした。とにかく、この時点では福岡が遠く感じられ、自分にいらだちを覚えていたことだけは確かである。

夜も深まっていく。左手に見える海は、ただただ真っ暗闇だ。低い周波数で「ゴゴゴゴゴ」という轟音が聞こえてくる。一時二〇分、広島・安芸津に到着したころ、すでに身体は悲鳴を上げていた。

この夜、寝たのはベッドの上ではない。僕はハンドバイクに乗ったまま寝てしまったのだが、途中で寒くなり、伴走車に移動して寝直している。スタッフはというと、待合室のベンチや道端で寝ていた。よく生きていた!

道端で寝るスタッフ

鈫明路峠での決断

2008年10月18日 9日目
広島・安芸津〜山口・岩国　115・65キロ

翌日にゴールを迎えるという九日目、みんなを起こさないようにそーっと三時三〇分に起き、すごく寒いなか単独で走行することにした。睡眠時間は、連日二時間ほどでしかない。

三津湾からの海風が肌に突き刺さってくる。思わず顔をしかめる。細田さんがつくってくれた走行ルートを見ながら、国道2号線を真っすぐに走りだす。タイムリミットまであと四〇時間、とにかく前進あるのみ、だ。

まだ夜と同じ、人がまったく歩いていない。出発して一時間半が経過したころ、ようやく人とすれ違った。知らない土地を一人で走るというのは、こんなにも不安なものなのか。人影を見ただけで、なんとなく安堵を覚えてしまう。

少しずつ空が明るくなってくる。時間はまちがいなく経過している。あと一時間くらいすると細田さんと阿部さんが出発する。二人に迷惑をかけないよう、少しでも前に進んでおかないといけない。九時、魚見山をすぎたあたりで細田さんらと合流した。コンビニで朝食を選びながら、僕は彼に宣言した。

「絶対、負けない。福岡まで行きますよ！」

自らを鼓舞するだけでなく、細田さんというパートナーを鼓舞した。昨晩、安芸津までの道のりで細田さんに愚痴をこぼしてしまったことを少し後悔していたのかもしれない。前を向こうと、自分に喝を入れていた。

陽が頭上に昇ったころ、道路標識に「下関」という表示を確認することができた。福岡に近づいてきている。とはいえ、ここから下関まではまだ二〇〇キロもある。間に合うのだろうか……。自信を入れ直したかと思うと、なくしたりをしてしまう。その繰り返しばかりだ。

ここに来て、また肩の調子がおかしくなってきた。細田さんが心配して声をかけてきた。

「永野さん、大丈夫？　少し休もうか？」

正直言って、休みたい。しかし、走行を止めるわけにはいかない。川を一本ずつ越えながら、少しずつ進んでいく。

それにしても、静岡と同じく広島も川が多い。橋をアップダウンするたびに体力を奪われていく。そのなかでも、平野橋(2)に架かる自転車歩道は急すぎだ！「勘弁してよ」と思いつつ、一〇キロ弱の道のりで七つの橋を越えた。ここに来て、さすがにこの行程はこたえた。

---

(2)　国道2号筋の京橋川に架かる橋。交通量が多いことでも有名。この平野橋と下流の御幸橋の両護岸道路は、一周二キロの「平野橋ランニングコース」として整備されている。

一四時二〇分、伴走をしてくれている阿部さんのお母さんが入院しているというＪＡ広島総合病院(3)に到着した。これまで阿部さんとは、家族の話やこのTE－DEマラソンに参加するきっかけなどについてきちんと話をしてこなかった。しかし、前日に阿部さんが広島の病床にいるお母さんの様子を教えてくれたことから、なんとなく阿部さんが伴走を申し出てくれた理由や、その心の底にある強い気持ちを少しだが理解することができた。

阿部さんとはここでお別れとなる。何とも言えない感情が込み上げてきて、思わず涙が出てしまった。

「阿部さん、ここまでありがとう！　また、東京で会いましょう」

阿部さんは、さらに言葉を選ぼうとしている僕の肩を叩いた。

「早く先へ行きなさい。あと少しでゴールだから」と言って僕たちをせかした阿部さん、病院にいた義理の妹さんといっしょにいつまでも手を振ってくれた。

これまでの行程を振り返ると、阿部さんはいつも最後尾で、僕と細田さんをずっと見守ってく

何と言っても上り坂は辛い

れていた。雨が降った日は、お土産屋さんのお菓子を買って配ってくれたり、笑顔で「行きましょう！」、「頑張りましょう！」と応援をしてくれていた。まるで母親のような愛情を注いでくれた阿部さんがいたからこそ、ここまで安全に走れたのかもしれない。

感謝の気持ちを胸に、最後のふんばり時を迎えることになった。一秒たりとも無駄にはできない。ただひたすら前進しようと思ってハンドバイクに手をかけた瞬間、細田さんが僕に話し掛けてきた。

「永野さん、この先で、うちの親父も待っているんですけど、会ってもらえますか？」

予定には入っていなかった。腕時計を確認しながら困惑する僕を見て、細田さんは言葉を重ねてきた。

「時間がないのはよく分かっています。ただ、親父にぜひ会って欲しくて」

病院の前で阿部さんとお別れ

（3）　広島県廿日市にあるがん拠点病院。〒738－8503　広島県廿日市市地御前1－3－3　TEL：0829－36－3111

もちろん、お世話になっている細田さんの大事なお父さん。挨拶をしないわけにはいかない。ただ……僕は再度時間を確認した。

細田さんが、一瞬、地面に視線を落とした。聞いてみたところ、お父さんとは時間の調整を続けていたという。ということは、お父さんも長い間待っていたということだ。挨拶をせずに通りすぎることを時間のせいにはしたくなかった。僕は細田さんの誘導に従い、待ち合わせ場所まで行くことにした。

お父さんにお会いして細田さんの顔をチラッと見ると、緊張が消えていた。息子の姿に、お父さんも目を細めていた。そんな微笑ましい様子を見て、「お目にかかってよかった」と改めて思った。

お父さんが、国道2号線から国道15号線へルートを変更するようにすすめてくれた。地元の方のアドバイスほど心強いものはない。お父さんと別れたあと、すすめられたルートを進んでいったが、ブレーキが効かなくなっていることに気付いた。ワイヤーの調整をしないといけないのだが、初日のときのことが頭をよぎった。もう少しだけ走って、さらに気になるようであれば休憩ポイントで調整しようと決めた。

陽が暮れはじめた一八時ごろ、沿道にたくさんの応援者の方が出てきており、多くの励ましの声をかけてもらった。

「ブログ、見ましたよ」

「頑張ってください。これ、バナナです」

「この先に急な坂があります、気を付けて！」

細田さんと僕は、いつしか疲れを忘れていた。

あと、もう少し。気合を入れ直してしばらく走るが、山口県に入ってからというもの、またまた坂が多い。上って下っての連続で、疲労は極限状態となっていた。

「だめだ、眠い。一〇分だけ休んで、少し寝ませんか？」

と、細田さんに話し掛けて仮眠をとった。

二〇時三〇分、坂を下りきった所で懐かしい顔に出会った。リハビリでお世話になった友人、橋本亜希子さんが応援に駆け付けてくれていたのだ。彼女は会うなり、細田さんと僕の顔を交互に見て、「寝てないんでしょ」と言った。

僕は彼女に、左手の握力がまったくなくブレーキがかけられないことを伝えた。ブレーキの不調は故障ではなかったのだ。コンディションに問題があったのだ。そのことに気付いたのはつい先ほど、仮眠をとったときである。ブレーキをかけようとしても、うまくハンドルを握ることができなかった。

それを知った彼女が、この先に待つ峠について話しはじめた。

「山口は、『山の口』と言われるくらい山や峠が多いんだよ。そんな状態だったら、進めないよ。今日はリタイヤしたほうが懸命だよ」

頭が真っ白になった。リタイヤって、ここまで来て……絶対に無理。そんな選択肢は僕だけでなく、ほかのみんなにもなかった。彼女は話を続けた。

「明くんは、TE－DEマラソン一年生。まだまだ、これから。来年も再来年もたぶん走っていくと思うよ。だから、ここでケガをするということがないようにしてほしいし、リタイアしたからといって誰も文句は言わないよ」


山口県岩国市から周防玖珂に抜ける欽明路峠が、僕にこれまでにない難しい選択肢を与えてくれた。西国街道の難所の一つとして数えられるほどの急勾配。大型トラックに煽られながらも少しずつだが前に進んだが、スピードはまったくと言っていいぐらい出なかった。

かつて『万葉集』で「手向《たむけ》よくせよ　荒しその道」（少典山口忌寸若麻呂・巻4－567）と詠まれたこの峠は、整備をされた今もなお多くの車両に通行を断念させている。軽車両は、北側を迂回するルートに進むそうだ。しかし、そのルートを選ぶと、新たに走行距離が七〇キロ加わることになる。明日は博多にゴールをする予定となっている。しかし、全行程を走らなければ達成したことにはならない。

「時間はかかるかもしれないが、迂回して北のルートを進もう！」

そう強く言い放ちつつも、峠の坂道で傾くタイヤはピクとも動かなかった。急勾配が動きを阻んだのも事実だが、このとき、腕が少しも上がらなかった。テーピングの糊に皮膚が負け、ふやけた皮ごとテープと同化してしまっていた。重ねて貼られたテープは、汗と脂で粘着質が弱まり、もはや肉を固定してはくれていなかった。

息があがる。違和感を覚えたスタッフの古川展匡君が、初めて僕の目の前に立ちふさがった。

「明さん、今日はハンドバイクでの走行はストップしましょう。明日、みなさんにボロボロの顔を見せる気ですか！　明日、下関から出発しても、誰も文句は言わないと思います。無理をして、事故でも起こしたら……」

意地もあるし、これまで応援してくれた人たちにどう顔向けをしたらよいのか……「ヤメル」という選択肢はやはりなかった。とはいえ、さっきから一〇分以上も経っているのに一キロも進んでいないのも事実である。こんな状況で、スタッフを引き止められるほどの自信はなかった。不安感にひたる僕の気持ちを察したのか、スタッフが「ここまで頑張ってきた、それは嘘じゃない！」と言って励ましてくれた。

悩んだ末、僕はある条件を付けて、進むべき方向を選択することにした。スポンサーや協力者一〇人のうち、一人でも「行け！」と言ったら、徹夜してでも北のルートを迂回することにした。

携帯電話を頬にあてた。

「今、山口の欽明路峠に到着しましたが、あいにくの急勾配で、大きく迂回しようか考えています。けれど、到着がずれ込むかもしれません。七〇キロを迂回するか、もう一つは、この峠の走行を断念しようかと悩んでいます」

小さいころから、何事につけ自分の判断で進むべき道を選択してきたが、このときほど悩んだことはない。それに、自分の口から「諦める」なんて言葉が出たことにとても腹立たしさを覚えた。そのせいだろうか、気持ちのどこかで、誰かに「それでも走らんかい」と喝を入れてほしかったのかもしれない。しかし、誰もが口裏を合わせたかのように、違う方向へと僕の背中を押した。

「ここまで走ってきたのは真実なのだから、胸を張って、明日は元気にゴールしなさい。待ってるから……」

みなさんの耳には、僕の声がまるで力のない、悲鳴のように聞こえたのかもしれない。この日は、「TE－DEマラソン一年生」である僕たちを心配してくれた橋本さんの実家にお世話になることになった。冷えきった身体が、暖房と湯けむりの温もりでほぐれていった。そして、スタートしてから初めてとなる手料理をいただき、涙が出そうになった。

関門トンネルから故郷へ

2008年10月19日 10日目
山口・下関〜福岡市　98・25キロ

最終日、橋本さんの家族に車で下関まで送っていただき、そこから博多に向かった。エレベーターに乗って海底のトンネルへ。自転車の通行料は二〇円となっているが、ハンドバイクは障害者用と認められているためか無料だった。七八〇メートルの関門トンネルは、ひたすら真っすぐだった。太陽の光の届かないトンネルの中で県境を越えたときは、感激もひとしおだった。

スタートからわずか二〇分で九州に上陸した。九州の乾いた空気、見たことのある景色、懐かしい匂い……。飛行機で帰ってきたときとは違う、懐かしい感覚だった。

門司から小倉へと向かう。見慣れた風景の連続である。そして、北九州から福岡に入ると、道路脇からの声援が妙に多くなった。最終日となるこの日は、ＲＫＢ放送が密着取材をしてくれているからだろう。メチャクチャうれしい！　どんどん力がわいてくる。

関門トンネルの中

博多の繁華街をすぎると、丸みを帯びたフォルムに赤字で「Zepp Fukuoka」(4)が見えはじめた。その途端、顔の表情も変わり、身体の動きも格段によくなったらしい。事実、このときの時速は平均二〇キロになっていた。これまでの倍のスピードである。のちに、細田さんがこのときの様子を次のように表してくれた。

「神が降りてきた」

博多での「神が降りた走り」

ゴール会場では走行中の映像が流れており、太鼓などのバンドが大きな歓声を集めていたという。そんななか、三五〇人を超えるお客さまと、ホールで会場づくりを手伝っていたスタッフがつくった一二〇〇羽の折り鶴が僕を迎えてくれた。

会場ではゴールイベントが続いていて、「FORCE《フォース》」のスタッフはいつもどおりの表情で動き回っていた。この「いつもどおり」が僕には冷たく感じられたのだが、今考えれば、「いつもどおり」を実行してくれているスタッフはすごいと思う。

ステージの奥から、中央に敷き詰められたリングへ前進する。慣れ親しんだプロレスのリングは、アスファルトで擦り切れたタイヤを優しく包み込んでくれた。マットの弾力に、僕の力もすぅーっと抜けてしまった。

心待ちにしていた妻の響子がほっと安堵し、リングコスチュームをかけてくれた。

ゴール後の挨拶で、僕は次のようなメッセージを会場にいる方々に送った。

「すいません。ここに立ったら、何で走っていたのか、バリアフリーとか何かどうでもいいと感じてしまいました。自分たちでできることをやっていきたいと、この一〇日間を振り返って思いますし、何よりも障害者諸君！『同情される障害者だけにはならないでおこう！』僕はそう思います」

ゴールには350人を超す人達が駆け付けてくれた

（4）福岡市にあるイベントホール。すぐ横には福岡ヤフードームがある。〒810－0065　福岡県福岡市中央区地行浜2－2－1　TEL：092－832－6639

あんたは走っただけや

長距離を走行する際、常に携帯しているお茶がある。先にも述べたように、お茶風呂にもなるバイオ茶である。宮崎県北諸県郡の「上水園」[5]という農園でつくられているお茶で、オリンピックのマラソン選手をはじめ、後述する実業団チーム「九電工」や「旭化成」といった陸上競技部に所属する多くのアスリートに愛飲されている。どういうわけか、このバイオ茶を持っていると走れると思えてくる。おそらく、生産者である上水漸《すすむ》社長が、いつも僕を見守ってくれているからかもしれない。

その上水社長もゴール会場で待っていてくれた。しかも、一ステージ数十万円もする太鼓の演奏会まで用意してくれていた。

スタッフとともに上水社長のもとへ挨拶に行くと、目尻にしわを寄せて僕を見やり、そのあとスタッフのほうを見て、ねぎらいの言葉をかけてくれた。

「あんたは走っただけやから大したことはない。周りの子がよう心配してくれて……それで走れたんやね」

一人で走っていたわけじゃないし、スタッフのおかげと僕は感謝している。しかし、改めて「あ

バイオ茶のパッケージ

りがとう」というひと言が、まだ僕の口からは出ていなかった。そのことに、上水社長は苦言を呈してくれたのだ。

上水社長が再び僕に視線をぶつけてきて、言った。

「ここに、これだけたくさんの人が集まってきた。幸せな男だな」

これまで多くのスポーツ選手を見てきた上水社長には、アスリートにとって必要なものが何かがよく分かっている。それは、「アスリートの成果は、周りのおかげが半分、残りの半分が自分の努力」ということである。

今回の一二〇〇キロの走行にあたって、常にスタッフが伴走をしてくれた。僕は前だけを向いて走ればよいが、彼らは僕の様子を常に気にして走らなければならない。ペースだって、ずーっと僕にあわせたままとなる。それにホテルでは、お風呂の用意は言うまでもなく、炊飯器を持ち込んで白米まで炊いてくれた。

生き方の方向性があっている仲間を得ることができた、と言えば当たり前のようだが、実は、彼らが僕に歩み寄ってくれていたのだと、このとき改めて気付かされた。

（5）　一八六九年に手もみ製法による製茶をはじめた製茶会社。〒889－1901　宮崎県北諸県郡三股町樺山2759　TEL：0986－52－2153

上水社長と話をしたあと、会場の出口で観客三五〇人、一人ひとりと握手をした。「心配をかけました」と伝えると、みなさん、にっこりと安心した様子で微笑みかけてくれた。この「微笑み」が疲れを吹き飛ばしてくれた。会場を後にしたスタッフ全員で、博多の屋台で打ち上げとなった。

このTE－DEマラソンの成果は、東京から福岡まで一二〇〇キロを走行したということだが、自分自身の成長という意味においては計り知れないものになった。

僕もメロンも、育ててもらっている——走り終えて思ったこと

僕のチャレンジには、多くの方々が賛同し、協力してくださった。そのことに深く感謝をしなければならないわけだが、ただひたすら目の前のことに取り組もうとすると、案外、そうした周りの支援や、自分が「生かされている」、「動かされている」ということに気付かない場合が恥ずかしながらある。前述した、上水社長のひと言もそうであった。

「周りの子がよう心配してくれて……それで走れたんやね」

そのとおりだ。がむしゃらに動けば動くほど、自分があたかも指揮を執り、周りにいるスタッフを動かしているような錯覚に陥ることがある。上水社長は、そのことを諭してくれたのだ。

かつて、あるたとえ話をしてくれたことがある。鹿児島県のある農家の人が上水社長の自宅を訪れ、「私はメロンつくっています」と自慢したそうだ。その言葉を受け、上水社長は次のように言い放った。

「メロン、つくれるんですね。それなら、ここでつくってみてください」

ちゃぶ台の上に置かれた湯呑に手をやり、メロン農家の人はポカーンと上水社長を見つめたそうだ。上水社長いわく。

「メロンをつくるというのは錯覚。メロンをつくっているのは、水と空気中の酸素。それを自分たちは利用するだけだ。ただ、ものづくりに欲が出てくるから、自分でつくっているような気になってしまう」

たしかに、実際に働き掛けているのは土や太陽である。もしかすると人間は、そうした自然の法則がつくった摂理の片隅で、迷い道に入っているだけなのかもしれない。

人間関係も同じだろう。誰かが助けてくれる、自分がリードしている、そうした思い込みのなかで、気付かないまま対立軸や主従関係をつくり、自らの成長の幅を狭めているのかもしれない。

「最近の農家は、土壌ばっかり見て農業をしている。光を見なさい。光のなかに解がある」

とにかく、僕にヒントを与え続けてくれる上水社長。僕にとっての太陽の一人が、この上水社長である。

TE－DEマラソン　ピースラン　広島→長崎

◎約束を果たすために

最初のチャレンジとなったTE－DEマラソンでは、二つの悔いが残った。一つは、欽明路峠で一部の走行を断念したこと。そしてもう一つは、上水社長からの苦言にもあったとおり、個々のスタッフに対してもっと感謝を表すべきだったということである。それがゆえに、前者については全国縦断マラソンで、後者についてはすべてのマラソンを通じて払拭することに決めた。

スタッフに対する感謝ということを考えると、真っ先に思い浮かんだのが、道中を伴走してくれた細田さんと阿部さんの顔だった。細田さんは、東京－福岡のTE－DEマラソンの全行程を、そして阿部さんは東京から広島まで伴走してくれた。

この二人、偶然にも広島の生まれだった。しかも阿部さんのお母さんは、一九四五年、広島の空に浮かんだ「きのこ雲」を目の当たりにしているという。東京－福岡のTE－DEマラソンの際に立ち寄ったJA広島中央病院で療養していたお母さんだが、二〇〇八年一二月にお亡くなりになったという。阿部さんが、「原爆死没者名簿に父と母の二人の名前が揃う。やっと両親がいっしょになれる」と話してくれた。

何かの縁かもしれない広島――僕は広島を走ることで、この二人に恩返しをしようと考えた。そして、阿部さんのお母さんをはじめとして、六〇年が経った今までも内臓をえぐるような悲しみが呼び起こされる人たちに――。

こんな考えのもと、二〇〇九年、広島―長崎間を走行するという「ピースラン」が生まれた。

僕は、教科書でしか原爆のことを知らない。けれど、阿部さんが走ることを決めたという決意は、戦争がそれだけの悲しみと発信すべきたくさんのメッセージを後世にもたらしているのではないかと想像することはできる。何かを言語化しようとする以前に、阿部さんの気迫には鬼気迫るものがあったのも事実である。

何かをしなければならないという気持ちになった僕は、「広島を走りましょう！」と阿部さんにもちかけた。それに対して阿部さんは、「うん」とうなずいてくれた。

繰り返すが、僕は平和や原爆についてきちんと勉強したという記憶がない。そのため、まずは平和運動をされている方や被爆者の方に話をうかがうことにした。たくさんの資料を見せていただくなかで、当時の状況写真をまとめた一冊を目にしたとき、僕は思わず目を覆ってしまった。

泥を塗ったように、焼けただれた皮膚が頬から垂れ下がった女性。横たわる少女の視線はうつろに宙を泳いでいる。火傷で目が潰れてしまった男性。悲鳴を上げる母親。野原に積み重ねられた数十の頭蓋骨……。ページをめくっていくのだが、心がとてつもなく苦しい。本当に申し訳ないと思ったが、三分の一ほどだけ拝見したのち、本を閉じてしまった。

その後、いろいろな方にお話を聞くなかで、長崎で一冊の小冊子に出合った。

「カンちゃんの夏休み」、吉田みちおさんという被爆二世の方が個人で制作したものである。吉田さんのお父さん、通称カンちゃんが中学時代に長崎で目にした地獄絵が描かれている。と同時に、数多くの命が失われていくなかで、生き残ったことに対する複雑な気持ちの奥に怒りと悲しみが描かれている。少年の気持ちを追従しながら、多くの方にこの歴史事実を振り返って欲しいと願った。

僕は小冊子を二〇部お預かりし、広島市長に届けることを約束した。そして、このことを朝日新聞社の記者に話したところ、七月二七日の夕刊に、次のような見出しのもと大きな記事が掲載された。

「平和魂　走って刻め　　若者よ。原爆の日忘れるな」

二〇〇九年八月五日、「ピースラン」がスタートする日の午前中、広島市市民局を表敬訪問した僕は、吉田みちおさんからお預かりした「カンちゃんの夏休み」を秋葉忠利広島市長（当時。現在は松井一實氏）と同国際平和推進部にわたし、二つのお願いをした。

一つは、広島市長の机の上に「カンちゃんの夏休み」を置いていただきたいということ。そしてもう一つは、市内の公共図書館に置いて、たくさんの人に読んでもらえるようにしてもらうことであった。

秋葉市長は、「平和市長会議」(6)の会長（当時）で、小冊子「核兵器廃絶を私たちの手で！〜二〇一〇年を『ヒロシマ・ナガサキ議定書』(7)採択の年に〜」では、「二一世紀は、市民の力で問題を解決できる時代」と述べておられる。まった

（6）核兵器のない平和な世界の実現を目的に、一九八二年に設置された組織で、一九九一年には国連NGOに登録。国連や平和関連NGOとの連携を図りながらの活動が国際的にも認められ、平和賞なども受賞している。

平和魂　走って刻め

8・9 長崎 ← 手こぎ自転車450キロ　8・6 広島

手でこぐ自転車・ハンドサイクルで8月6日に広島を出発し、9日に長崎にゴールする約450キロの「ピースラン」に、障害を持つレスラーの永野明さん(34)＝東京都北区＝が挑む。友人が被爆2世であることを知ったのがきっかけ。戦争を知らない世代に、広島・長崎の原爆の日という「忘れてはいけない日」を刻みたいという。（石田貴子）

「若者よ。原爆の日忘れるな」

障害者レスラー永野さん

自宅近くで練習する＝東京都北区、福留庸友撮影

永野さんは0歳のとき高熱に襲われ、首から下に脳性まひによる障害が残った。印刷会社に勤めながら00年、出身地の福岡市で障害者プロレス団体「FORCE」を設立、選手として活躍している。

車いすで100キロを完走した男性の番組をテレビで見て「自分も」と思い、05年、車いすに前輪やハンドルが備わったハンドサイクルを始めた。

08年10月には、10日間かけて東京から福岡まで約1200キロを走破。自身の講演会で知り合った東京都日野市の介護福祉士阿部翠子さん(58)が広島県まで自転車で伴走した。阿部さんは両親が広島で被爆した被爆2世で、母親は腎臓などを患って広島県廿日市市で入院。永野さんに「母を元気づけたい」と伴走を決めたことを話したという。

昨年12月、母親が亡くなった際、阿部さんは「父と母がやっと一緒になれる」と言った。父親は腎臓などを患って06年に亡くなっており、原爆死没者名簿に2人の名前がそろうからだった。

永野さんにとって「原爆」は教科書の中の出来事だった。だが、阿部さんの話を聞いて、戦争のつめ跡が今も残っていることを実感し、広島―長崎を走ろうと決めた。

今月20日、永野さんは、広島で被爆し、いまは埼玉県に住む2人から体験を聞いた。2歳で母に抱かれた状態で被爆した女性は、体の半分をやけどしていた。9歳のときに爆心地から1・7キロで被爆した男性は直腸がんで苦しんだと話した。

8月5日に広島市内でデモ走行し、翌6日朝に広島県廿日市市の宮島口を出発。山口県防府市、福岡県宗像市、佐賀県武雄市を経て、9日夜に長崎市の平和公園に着く予定。ブログやチラシで集めた平和へのメッセージを携え、1日約12時間走るという。伴走する車には趣旨をアピールする紙を車体に張りつける。

ピースランは10年は続けるつもりだ。「原爆投下の日を知らない人もいるけど、毎年この日に僕が走っていると知ってもらえれば、忘れないでしょう。今ある平和は僕らが大事にしなければ」と話す。

永野さんへのメッセージはファクス（03・3914・3700）か、郵送（〒813・0042 福岡市東区舞松原2の7の11林田ビル2）で。

朝日新聞　2009年７月27日付夕刊

く、そのとおりだ。まずは、自分たちの力を信じたい。このとき、僕自身の思いを市長に伝えた。

「私たちは戦争を知らない第二世代となっていて、体験談を聞く機会が本当に少なくなっています。このままでは忘れてしまうかもしれません。せめて、八月六日と九日の両日に何が起こったのか伝えて欲しい。そして、この両日を風化させてはいけないと思います。『忘れられない日』から『忘れてはいけない日』にしたいのです。そして、このピースランを一〇年は続けます」

すると、秋葉市長から以下のようなメッセージを頂戴することができた（一部を転載）。

――クラスター弾や地球温暖化などへの対応が示すように、世界を動かし、人類の未来を決定

メッセージ

「TE-DE マラソン２００９『ピースラン』」が開催されるに当たり、メッセージをお送りいたします。

ヒロシマは、６４年前の被爆体験を原点に、核兵器の廃絶と世界恒久平和の実現を訴え続けて参りました。しかし、今なお地球上には膨大な量の核兵器が備蓄・配備されており、核兵器の新たな拡散や使用の可能性さえ高まっています。

一方、４月のオバマ米大統領のプラハでの「核兵器のない世界」に向けた歴史的な演説や、米露の新たな戦略兵器削減条約締結に向けた交渉開始などに象徴されるように、世界は核兵器の廃絶に向けて今まさに歴史的な転換点に差し掛かっています。

このような歴史的な流れを確実なものとするために、本市は、世界の約３，０００の都市が加盟する平和市長会議とともに、２０２０年までの核兵器の廃絶を目指す「２０２０ビジョン」に取り組み、現在「ヒロシマ・ナガサキ議定書」の２０１０年のＮＰＴ再検討会議での採択を目指し、様々な活動を世界的に展開しております。この議定書は、核保有国による核兵器の取得・配備の即時停止、核兵器の取得・使用につながる行為禁止の２０１５年までの法制化など、核兵器廃絶のための道筋を具体的に提示しています。

クラスター弾や地球温暖化などへの対応が示すように、世界を動かし、人類の未来を決定していくのは、この地球に生きる私たち一人一人です。そうした意味から、平和を願う「TE-DE マラソン２００９『ピースラン』」が開催されますことは誠に意義深く、その取組に対し深く敬意を表します。

オバマ米大統領を支持し、核兵器廃絶を求める世界の多数派「オバマジョリティー」の力を結集すれば、２０２０年までの核兵器廃絶は可能であると確信しています。
ぜひ皆様には、今後とも、核兵器廃絶と世界恒久平和の実現のため、「オバマジョリティー」の一員として共に力を尽くし、行動して下さることを心から期待いたします。

終わりに、「TE-DE マラソン２００９『ピースラン』」の御成功と御参加の皆様の今後ますますの御健勝と御多幸をお祈りいたします。

平成２１年（２００９年）８月

広島市長　秋　葉　忠　利

秋葉広島市長からいただいた「核兵器のない世界」を目指すメッセージ

していくのは、この地球に生きる私たち一人一人です。そうした意味から、平和を願う『TE－DEマラソン２００９　ピースラン』が開催されますことは誠に意義深く、その取組に対し深く経緯を表します。

オバマ米大統領を支持し、核兵器廃絶を求める世界の多数派『オバマジョリティー』の力を結集すれば、二〇二〇年までの核兵器廃絶は可能であると確信しています。ぜひ皆様には、今後とも、核兵器廃絶と世界恒久平和の実現のため、『オバマジョリティー』の一員として共に力を尽くし、行動して下さることを心から期待いたします。


僕も平和を願う一市民である。平和を象徴する都市を走り、沿道の市民に伝えたい。平和を担うのは一人の市民だということ——この思いに引っ張られ、全走行距離四七三・六二キロに及ぶ第一回ピースランをスタートすることにした。

広島市市民局を出たあとＲＣＣラジオに生出演し、ピースランの企画説明を行ったのち記者会見の会場に向かった。一六時、たくさんのお客さまがいる前で、歌手の玉城ちはるさん(8)とともに

---

(7)　二〇一〇年六月、核不拡散条約会議の再検討会議議長に、二〇二〇年までの核兵器廃絶の道筋を示した議定書と自治体首長による一六四二筆の署名を提出した。

平和への思いをステージで話してから会場内を一周し、今日の目的地である宮島口へと向かった。このときにいただいた激励の言葉、いまだに忘れることができない。

振り返ってみれば、昨年の東京－福岡のTE－DEマラソンのときには、周囲の風景を楽しむといった余裕がまったくなかった。そして今年、広島─長崎という行程でピースランをするといっても、広島の街を知っているわけではない。そこで今年は、風景を楽しむとともに、伴走車との会話も増やして走ることにした。ちなみに、広島の街は、スタートする前に市民球場や原爆ドーム、そして国際会議場などをめぐっている。

そんな精神的な余裕が理由か、的確な水分補給が行えたことが理由か、昨年は諦めることになった山口・欽明路峠も難なく越えることができた。その一番の理由は、この一年間のトレーニングのたまものである、と一応自負している。

最終日となる八月九日、朝報が飛び込んできた。佐賀から伴

宮島口へ向かう

玉城ちはるさんも走行

走スタッフとして三名の方が駆け付けてくれて、長崎まで一緒に走ってくれるという。さらに、ピースランを行う切っ掛けとなった阿部さんから、ゴール地点である「長崎平和公園で待っている」という連絡も入った。暑さを理由に伴走を断っていた人だけに、本当にうれしかった。何といっても、待っている人がいるということは、想像以上のエネルギーを生み出してくれる。

（8）広島県出身のシンガーソングライター。映画音楽の制作やCMへの楽曲提供を手がけている。代表曲として、『針と波紋』、『君が愛の種』などがある。

表2　第1回ピースランの行程表

2009年8月5日	広島駅～宮島口	30.08km
8月6日	宮島口～防府	95.41km
8月7日	防府～宗像市	140.39km
8月8日	宗像市～武雄	113.99km
8月9日	武雄～長崎	93.75km

長崎にゴールした永野とスタッフの畠中（出典：〈月刊リハビリテーション〉2009年11月号）

天気は快晴。峠を下って諫早湾を一望したとき、それまでの疲れなどどこへやら、本当に気持ちがよかった。さらに進んで、ゴールの一キロ手前で、宮崎から山を越えて自転車で長崎に来たという人に会った。どうせならということで、いっしょにゴールすることにした。

八月九日、一七時二二分、無事に平和公園にゴール。もちろん、待っていた阿部さんにも会って、ピースランのゴール報告をした。すると、何と彼女はチームを組んで、同じく広島から自転車で来たという。いやはや、女性のパワーはすごい！

二年目のピースランはリレー方式

2010年8月6日 1日目
広島・原爆ドーム〜山口・新山口駅　129キロ

初年度は単独で広島—長崎を走行したが、二年目となる二〇一〇年はリレー形式で走ることにした。リハビリ時代の友人などに声をかけたところ、七人が参加を申し出てくれた。僕を含めて八人がタスキをつないで走るという、初めての試みとなった。

朝六時、原爆ドームからスタート。その一番手を僕が務めた。ちなみに、このリレーには交代のルールがあるわけではない。走りたい所まで走って、きつくなったらほかのメンバーと交代するというものである。ゆえに、ほかのメンバーはサポートカーに乗り込み、先発したメンバーが止まった所から走り出すことになる。僕以外の自転車ランナーは、先発者から自転車を乗り継いでいくことになる。つまり、タスキとともに自転車もつなぐということである。

今回のメンバーのうち、二名が自転車初心者の女性であった。彼女たちのやる気をつらさで潰さないよう、交代のタイミングには十分な配慮をした。

原爆ドームから宮島口まで走った所で二番手の走者に交代した。宮崎県出身の芳川美里さんは、東京で演劇などの勉強をしているという。マラソン経験はほとんどないというが、安全第一でバトンタッチし、岩国の錦帯橋近くで三番手に交代した。次の走者は僕の妻である響子が務めた。

サポートカーの車内は大忙しとなった。走ったあとの栄養補給やルートの確認、Twitterやmixi、ブログなどの更新作業、そして何よりも、走者との密な連絡と休憩所探し

スタート地点となった原爆ドーム

など、やることが山ほどあった。

このとき初めて、バックヤードにいるスタッフの具体的な役割や思いを、少しだが体験することができた。今まで自分が受けてきたサポートを、今度は走者に返していきたい。そんな気持ちで、最終走者である畠中君が一日目のゴールとなる新山口駅に到着するのを見届けた。

2011年1月号・芳川さんから妻の響子にバトンタッチ（出典：〈月刊リハビリテーション〉2011年1月号）

南下しているはずなのに……

2010年8月7日 2日目
山口・新山口駅～福岡・小倉駅　87・3キロ

新山口駅を朝七時にスタートした。この日の一番手も僕。走行距離は前日の七割ほどでしかない。気持ちを落ち着かせて前進する。出発から三キロ地点で国道に出て右折。伴走してくれている畠中君と「広い道路は走りやすい」と話しながら走行した。

道路標識にふと目をやると、「京都まで四八七キロ」となっていた。当たり前のことだが、山口からも京都には道が続いている。京都までの数字が増えていくということは、それだけ南下しているということである。つまり、前進の証明である。次に「京都」の文字が表れたとき、その距離は確実に増えていることになる。

「何キロくらい進んだだろうか？」と言いながら標識を見ると、唖然とした。さっきよりも距離数が減っていた。つまり、僕たちは福岡方面に南下しているのではなく、京都方面に向かって北上していることになる。

「これって、京都に向かっているということだよね。完全にまちがったみたいだな。二人であれだけ地図を確認したのに……」

畠中君も首をかしげている。

「どこでまちがったんでしょうね。どれくらい走ったんだろう」

二人の視線は、いかにも不安そうに地面に注がれた。

早速、コンビニの駐車場に自転車を止めて、地図を見ながら緊急ルート会議となった。どうやら、最初の三キロ地点で左折をしなければならなかったようだ。現在はというと、そこから一〇キロ程度走った所である。分岐点となった交差点に戻るとなると、合わせて二〇キロのロスとなる。これはさすがに痛い。八〇キロの走行予定が一〇〇キロ強にまで積み上がってしまった。

しかし、その後は女性二人が頑張ってくれ、順調に予定どおりのルートを進んだ。関門トンネルを歩くのが初めてという芳川さんは、スタンプを押したりとはしゃいでいた。そして、一五時三〇分、小倉駅にゴールした。

のちに詳述することになるが、この前の年に僕は「九州一周TE－DEマラソン」を行っている。そのときからお世話になっている「九州医療スポーツ専門学校」（のちに詳述）に夕方の空いた時間を使っておじゃまし、ボディメンテナンスをしてもらった。左肩がかなり痛んでいるようであったが、施術後はすっきりした。

九州医療スポーツ専門学校１号館

帰りにトレーナーからテーピングやポロシャツをもらい、改めて安全なゴールを誓った。いつものことだが、サポートをしてくれる方々には本当に頭が下がる。九州医療スポーツ専門学校のみなさん、ありがとうございました。

九州の箱根を越える

2010年8月8日　3日目
福岡・小倉駅～佐賀・嬉野温泉　159キロ

この日の起床は三時三〇分。スタッフには内緒で、フライングスタートをした。一日で一五〇キロを予定しているので、少しでも距離を稼いでおきたかったのだ。ハンドバイクはみんなが乗っている自転車よりも遅いので、早起きをしてカバーするしかない。前日のように迷わないよう、ナビ役を妻に委ねて出発した。

スタートから七キロ地点で道にあたりをつけ、そこからは単独走行となった。そして、八時三〇分、みんなが追いついてきた。うしろから声をかけてもらって休憩をとる。

この日はアップダウンが多く、思うように進まない。それに、上っても上っても、下りが見えてこない。小刻みにメンバーチェンジを繰り返しながら先を進んだ。この先には冷水峠《ひやみずとうげ》(9)があり、小倉から佐賀県鳥栖方面にショートカットできるが、標高が三〇〇メートルほどあってハードな道のりとなる。

（9）福岡県飯塚市内野と筑紫野市境にある峠。頂上部は、延長三二八六メートルの冷水トンネルで越える。急カーブや急勾配が続く難所と言われている。

江戸時代、長崎街道が通っていたこの峠は「九州の箱根」とも呼ばれた。当時の石畳の道も一部残っているが、江戸時代を生きた人たちは、生活用具を運ぶのにとてつもない労力を費やしたことだろう。そんな行程を、畠中君が引き受けてくれた。

この日は、幼いころからリハビリをいっしょに受けていた村久木洋一君と田代航君が一七キロを走ることに成功している。村久木君は下半身に麻痺が残るため、自転車ではなく僕のハンドバイクに乗った。一方の田代君は、左半身に麻痺が残っているものの右足は動かすことができるため、右手右足でコントロールしながら自転車のペダルを漕いだ。感化されたのだろうか、この日、妻の恭子も四〇キロのロングスライドを遂げている。

嬉野市に入り、塩田地区で最後のメンバーチェンジを行った。嬉野市在住である中林正太君と僕がラストランをすることに決めた。ゴール地点は嬉野温泉「和多屋別荘」。一九時三〇分、無事に一五〇キロを走り抜いた。

和多屋別荘の全景（提供：和多屋別荘）

冷水峠の石畳
（提供：飯塚観光協会）

今日はみんなよく頑張った。それだけに、この夜に入った温泉は本当に気持ちがよかった。これで、明日の準備も万全である。

平和公園にゴール

2010年8月9日 最終日
佐賀・嬉野温泉～長崎・平和祈念像前　59キロ

最終日は、六時に起床して、ゆっくりと朝ご飯を食べてから八時にスタートした。

この日の第一走者は、前日のラストランを務めた中林君である。起伏の激しい山道が続く。直前まで、山道を上り切るまでが彼の担当だったが、上った先には下りというご褒美があることを僕は伝えたかった。それで走行距離を増やしてもらい、下りの初体験となった。

予想どおり、下ったあとの中林君の笑顔は忘れることのできないものとなった。上りのきつさがあってこそ現れる表情である。楽あれば苦あり、苦あれば楽ありである。

長崎市内に入ってから集中豪雨で少し足止めをくらったが、畠中君の力走で無事に長崎駅に到着した。そこからみんなで話をしながら、平和祈念像まで歩いた。その前に立ったみんなの心は、感慨無量といった面持ちであった。

長崎市松山町にある平和公園の北端に建てられた平和祈念像。一九五五年八月八日、北村西望《きたむらせいぼう》によって完成したものである。高さ九・七メートル、重さ約三〇トンという祈念像は「神の愛」と「仏の慈悲」を象徴しており、垂直に高く掲げた右手は原爆の「脅威」を、水平に伸ばした左手は「平和」を、そして横にした足は原爆投下直後の長崎市の「静けさ」を、立てた足は「救った命」を表しており、軽く閉じられた目で犠牲者の冥福を祈っている（八五ページの写真参照）。

その目の前にある平和の泉には、次のような少女の手記が刻まれていた。

「のどが乾いてたまりませんでした　水にはあぶらのようなものが一面に浮いていました　どうしても水が欲しくて　とうとうあぶらの浮いたまま飲みました」

呼吸を整えて目を閉じる。昨日、和多屋別荘で預かった千羽鶴を、僕たちはその台の上にそっと置いた。

千羽鶴を置く（出典：〈月刊リハビリテーション〉2011年1月号）

◎メダリストのお辞儀の理由――三年目のピースラン

ピースランも三年目を迎えることができた。僕の知人であり、初年度の記者会見のときにも同席してもらったアーティストの玉城ちはるさんの呼び掛けで、メダリストの有森裕子さんやJICA(10)の方々にも参加をいただくことができた。ピースランの主旨に賛同いただき、これほどまでに輪が広がることは本当にありがたい。今後の継続開催にも勢いがついた。

「10・9・8・7……3・2・1、スタート」

初日の第一走者は、バルセロナ五輪（一九九二年）で銀メダル、アトランタ五輪（一九九六年）で銅メダルをとり、プロランナーの草分け的な存在である有森裕子さんと僕が務めた。メダリストと並走するということで少し緊張したが、有森さんの人柄がゆえに気持ちをすぐに落ち着かせることができた。

それにしても、有森さんはすごく楽しそうに走っていた。終始笑顔で、沿道の人や登校中のち

---

(10)　(Japan International Cooperation Agency)国際協力機構は、二〇〇三年一〇月一日に設立された外務省所管の独立行政法人。政府開発援助（ODA）の実施機関の一つであり、開発途上地域などの経済および社会の発展に寄与し、国際協力の促進に資することを目的としている。

びっ子たちと気軽に挨拶を交わしていた。

公道では僕が車道を、有森さんが歩道を走り、並走の難しい狭い道では有森さんの前を僕が走った。うしろから「ザッザッ」という足音が聞こえてくる。走っている最中、たくさん話をさせていただいた。とくに印象に残っているのが、「挨拶をする」ということである。事実、有森さんの様子を見ていると、常に沿道の人に挨拶を送っていた。

「挨拶される姿、素晴らしいですね」と関心して言うと、「実はね……」と照れ隠しからか、有森さんはこんなことを言った。

「走りながら挨拶をすると、お辞儀をする際に頭を下げるでしょ。すると、足が勝手に前に出るのよ」

なるほど！　身体の機能をよく理解しているだけでなく、ランナーとしての最高の心遣いでもある。僕も有森さんを真似て、挨拶をして腕を前に振りかぶることにした。

続いて第二走者、歌手の玉城ちはるさんにタスキがわた

有森さんと並走（出典：〈月刊リハビリテーション〉2011年10月号）

された。玉城さんは、お気に入りというピンクのウェアに水玉スパッツという出で立ちである。

　トレーニングを重ねてきたという玉城さんも、四キロすぎからスピードが落ちてきた。目はしっかりと前を向いているのだが、額には汗がにじんでいる。少しでもつらい気持ちを忘れてもらおうと、僕は趣味やよく聴く曲について質問を投げ掛けた。

　笑顔を絶やさなかった玉城さんは、丁寧に僕の質問に答えつつ、しっかりと一歩ずつを踏みだしていった――と思っていたのだが、あとで聞いたところ、このときは走っているのが辛くて、ほとんど僕の言葉は耳に入っていなかったらしい。

　玉城さんのゴール地点までラスト二キロという所で、自転車進入禁止の道路に差し掛かった。そのため、僕は迂回ルートを走ることになった。さすがに、ゴール地点の阿品駅には玉城さんのほうが先に到着していた。少し

ゴールした玉城さん（出典：〈月刊リハビリテーション〉2011年11月号）

待たせてしまったが、無事に第三走者がタスキを受け取り、宮島口へ向かうことができた。

そのあとは順調。何のトラブルもなく、新山口駅に到着した。

体力と走行距離の配分

二日目は、僕が新山口駅から一人で出発し、福岡・飯塚までの一一三キロを四人でリレーをすることにした。

昨年もいっしょに走ってくれた田代君、三年目のピースランにもチャレンジしてくれた。とはいえ、左半身に麻痺が残っている彼の体力では、決して十分な状態とは言えない。事前準備の段階ですでに疲れが溜まっている様子であったし、有森さんや玉城さんが走った初日にはサポートカーの中でずっと寝ていて、起きることがなかった。

長年にわたって田代君とは付き合いがあり、体力の程度を知っている僕も、さすがに田代君のマイペースぶりには呆れてしまった。心配をするというよりも、少しイライラしはじめていた僕は、到達すべき距離のことで頭がいっぱいだった。

そんな心境のもと、二日目をスタートした。

四時間後に後発のサポートカーと合流すると、岩国の手前で田代君にバトンタッチした。そのあと、田代君は福岡県北九州市までの約四五キロを走って、再度、僕にバトンタッチした。僕の心配もどこ吹く風。たしかに「よく走った」のだが、今度は明日の田代君の体調に不安を感じることになった。

翌日はスタッフのスケジュール調整ができず、午前中はサポートカーを手配することができない。田代君の体力が走行中に切れてしまえば、タスキをつなぐことも、田代君を車中で休ませることもできない。翌日、田代君が僕といっしょに走れないとなると、僕一人で先に出発するか、田代君の体調を見て、時間をずらしていっしょに出発するしかない。

不安をかかえたままの三日目、四時三〇分に起床すると、なんと田代君はすでに起きており、ルートのチェックをしていた。

「明さん、おはようございます！」

このひと言で、鳥栖までの走行は大丈夫だと確信できた。

五時三〇分にスタート。向かう先で、最大の難所は冷水峠である。福岡県内では一番勾配が激しい所である。昨年は畠中正和君がここを担当してくれたが、今年は僕と田代君がこの難所に挑む。軽井沢に抜ける碓氷峠よりもカーブは少ないが、道幅は狭く、とにかくトラックの交通量が多い。

事実、途中で僕らは渋滞をつくってしまい、漕いだり、自転車を押して歩いたりしながら何とか峠をクリアしていった。そしてその後、佐賀県鳥栖市に入り、佐賀市内を通過して嬉野温泉に到着した。

田代君の一〇〇キロ完走は、見事としか言いようがない。田代君をほめちぎったが、当の田代君は疲れ切っており、言葉を返すだけの力も残っていなかった。

◎バトンをつなぎ続ける

最終日、嬉野温泉を朝八時に出発した。この日は六六キロの走行となるが、天気はあまりよくない。

昨年に引き続き、嬉野の中林正太君が参加してくれた。この中林君だが、昨年ピースランを走ってからというもの、フルマラソンに出場したり、富士山にも登頂したというアクティブな青年である。

俵坂峠を越えて長崎県大村市に入った所で、バケツをひっくり返したような土砂降りに見舞われた。中林君はパンツの中までびっしょりとなり、靴の中にも雨水がたっぷりと溜まっていた。にもかかわらず中林君は、「ここまで濡れれば同じ」と言ってさらに三キロ、四キロと走っていき、次の走者にバトンタッチした。

二番手の大牟田さんは、順調なペースでゴールを目指しはじめた。しかし、急な坂を上っているときにアクシデントが発生した。サポートカーに乗る僕らは三キロ先の地点にいたのだが、通常のペースよりもかなり遅いので少し心配をしてルートを逆戻りしたところ、陸橋の手前でタイヤの調子を見ている大牟田さんを発見した。どうやら、パンクをしたらしい。

路肩に座り込み、スマートフォンのインターネット検索で自転車屋を探した。街中にある小さな自転車屋でパンク修理をしてもらい、サポートカーで元の位置まで自転車を搬送した。無事にピースランも再開でき、この年も長崎・平和公園まで無事に到着することができた。


この三年目のピースランには、マラソンランナーの有森裕子さんや庄野真代さんなどといった著名人、そしてＪＩＣＡの方にも参加いただくことができた。改めて、人と何かをつなぐと

快走する中林君（出典：〈月刊リハビリテーション〉2011年10月号）

いうこと、つまり途絶えさせてはいけないということを強く思った。そして、再度「一〇年続ける！」と宣言した。

二〇一一年のピースランから一〇年後となる二〇二一年の日本は、どのような社会を形成しているのだろうか。東京オリンピック・パラリンピックの余韻がまだ残り、首都圏ではさらに細かい網の目の交通網が整備されていることだろう。

パラリンピックが開催されたことで、障害者スポーツもかなり浸透しているはずだ。もしかすると、「障害者スポーツ」なんていう表現がなくなり、小学校の体育の時間に、サッカーやバスケットボールと同じようにシッティングバレーやゴールボールが行われているかもしれない。

一方、地方はどうなっているのだろうか。この年には、秋葉広島市長（当時）のメッセージにある「二〇二〇年までの核兵器廃絶」が果たされているはずだ。「核こそが経済成長の要だ」と思い込んでいた人たちも、そろそろ迷い道から抜けでてほしい。そのために僕ができることは、過去の傷跡や平和を祈る取り組みを発信し続けることである。未来永劫、誰もが安心してスポーツに取り組めるよう、途絶えることなくピースランのタスキをつないでいこうと思っている。

TE－DEマラソン　九州一周一〇〇〇キロ

地元九州に恩返し

二〇〇八年に行った「東京－福岡のTE－DEマラソン」では、僕の地元である九州に住む友人や知人に大変お世話になった。地元に対する恩返しの意味も込めて、二〇一〇年は「九州一周　一〇〇〇キロ」に挑戦することにした。出発地点は、二〇〇九年より続けているピースランのゴール地点である長崎とし、時計と反対回りでゴール地点の福岡・博多を目指すことにした。それを一二日間で走破する。

実はこの企画、二〇〇九年に行おうと思っていたのだが、新型インフルエンザの猛威に負けて延期したものである。準備をしていただけに、僕だけでなくスタッフのモチベーションも著しく低下したし、僕自身、本当に悔しい思いをした。それだけに、スタッフ全員、この年にかける意気込みはすごかった。

お正月の休みが明けたらすぐに、これまでお世話になった企業をはじめとして、たくさんの知

九州一周　ＴＥ－ＤＥマラソン2010

2010年4月24日（土）AM10：00

長崎・長崎駅前スタート!!

TE DE MARATHON

＜TE－DEマラソンとは＞

2008年東京－福岡間1,200km、2009年広島－長崎間470kmをハンドサイクル（手漕ぎ自転車）で走った永野が今年も走ります。
今年は九州一周1,000kmを12日間で走る！
走る中でチャレンジャー永野明（障害者）が、ユニバーサル社会実現に向けて、それぞれ地域で見たことや身体に感じたことを、完走後、各自治体に訴えていきます。障害の有無や種類、度合いに
ーツができる環境やビジネスができる社会の実現を目指して、
抜きます。みなさん、その証人になって下さい！！

人や友人、そしてマスコミに今年の企画の内容を伝えた。と同時に、現在困っていること（宿泊地の手配、飲料水、トレーナーや身体ケアのアイテムなど）を正直に訴え、情報および協力の要請を行った。いつものことだが、経済的な面をクリアしないことには走れない。

その結果、地元の有力者の方々から応援メッセージとともに、さまざまな情報や商品のご提供をいただいた。この年初登場となる、折りたたみ式の整体用ベッドまで用意できたことは、下肢に障害のある僕にとってはありがたかった。

もっとうれしかったことは、このベッドを提供してくれた「九州医療スポーツ専門学校」でメディカルネットサービスの整体師が施術をしてくれるということである。スタッフの肉体的な疲労まで解消できるとあって、全員、諸手を挙げて喜んだ。

今回のコースは、これまでのTE－DEマラソンのコースと違って山道が非常に多い。もちろん、これまでに何度となく山道は経験しているのだが、僕が乗っているアダプター式のハンドバイクの場合、実はこの上り坂が結構やっかいなのである。前輪駆動になっているため、山道に差し掛かると前輪が浮き上がってしまって力が伝わらないのだ。

それに、山道ということは人家が少なく、コンビニどころか人を見かけることもないという可能性がある。何かトラブルに見舞われたとき、その対処をどうするのかという不安も、正直なところ抱いた。というのも、一二日間のうち四日間は単独走行になることが決まっていたからだ。

この単独走行の話を友人にしたら、「寂しくて泣くなよ」と言われてしまった。冗談なのか本気なのか分からなかったが、僕は「エール」と受け止めることにした。

出発の二週間後に控えた四月一〇日、整体用のベッドを提供してくれた「九州医療スポーツ専門学校」の入学式に来賓として招かれた。実は、水嶋昭彦理事長[11]から、「新入生を元気づけるようなコメントがもらえないか」という依頼を受けていたのだ。その席上、僕は次のような挨拶をさせていただいた。

「みなさんはオリンピック選手と同じで、常に目標を掲げてそれに向かって走っている。これから、アスリートや一般の方をサポートする立場になっていかれるのでしょうが、僕はみなさん一人ひとりがアスリートだと思っています。浅田真央選手や石川遼選手と同じなのです。人生の目標に向かって一歩一歩進んでいくみなさんは本当に素晴らしいです。もちろん、まだ一時間も授業を受けていらっしゃらないので不安と希望で胸がいっぱいだと思いますが、僕は心からリスペクト（尊敬）します」

今、改めて読むとおこがましい感じがして恥ずかしいかぎりだが、このときは、新入生のみなさんに「ハリ」と「元気」を与えようと思って話をさせていただいた。そして翌日、ゴール地点となる紀伊國屋書店福岡本店に行って、「九州一周TE－DEマラソン」の記者会見にのぞんだ。

記者会見も三回目となると多少の余裕が出てくる。これまでと同じく、①実際活用できるバリアフリーの訴求、②障害者スポーツの裾野拡大、③ハンドバイクの普及、の三つを目標に掲げて、「沿道からの声があると力が出る。支えてくれる人に胸を張って『やりました』と言えるように頑張りたい」と記者のみなさんに伝えた。

---

(11)　一九六一年、北九州市小倉生まれ。行岡保健衛生学園柔道整復学科卒。一九八七年、湯川整骨院開業。二〇〇一年に（有）メディカルネットサービス（現・学校法人国際学園）を設立し、多店舗展開を開始。二〇〇八年に九州医療スポーツ専門学校を開校し、理事長に就任している。『腰痛・肩こりはストレックスで治る！』（日本文芸社、二〇一一年）では、柔道整復師でもある水嶋社長の経験から、ストレッチとトレーニング、ツボ押しを組み合わせた治療法を紹介している。

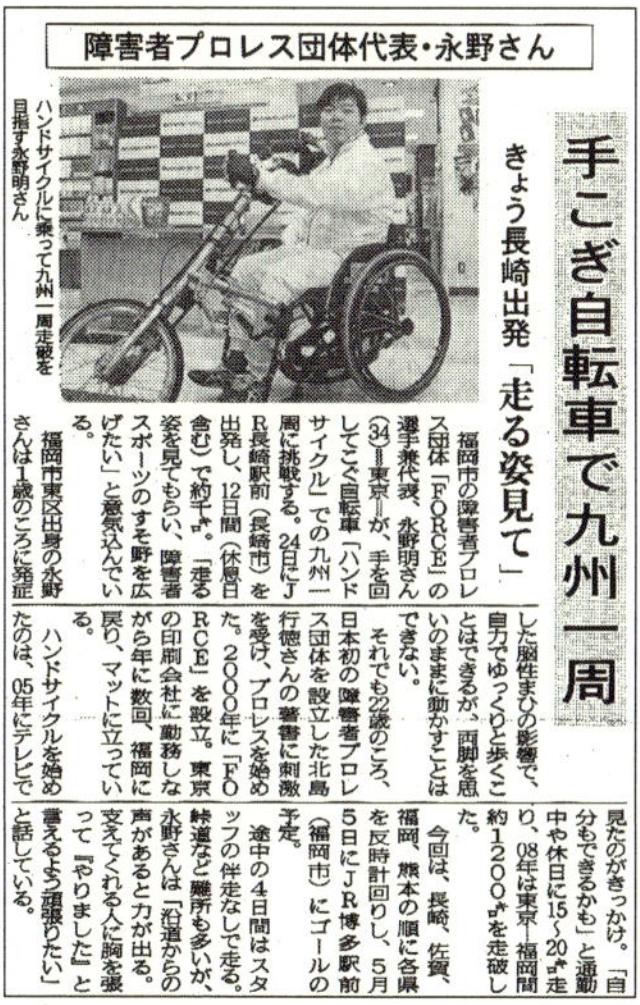

障害者プロレス団体代表・永野さん

手こぎ自転車で九州一周

きょう長崎出発「走る姿見て」

ハンドサイクルに乗って九州一周走破を目指す永野明さん

福岡市の障害者プロレス団体「FORCE」の選手兼代表、永野明さん(34)＝東京＝が、手を回してこぐ自転車「ハンドサイクル」での九州一周に挑戦する。24日にJR長崎駅前（長崎市）を出発し、12日間（休息日含む）で約千㌔。「走る姿を見てもらい、障害者スポーツのすそ野を広げたい」と意気込んでいる。

福岡市東区出身の永野さんは1歳のころに発症した脳性まひの影響で、自力でゆっくりと歩くことはできるが、両脚を思いのままに動かすことはできない。

それでも22歳のころ、日本初の障害者プロレス団体を設立した北島行徳さんの著書に刺激を受け、プロレスを始めた。2000年に「FORCE」を設立。東京の印刷会社に勤務しながら年に数回、福岡に戻り、マットに立っている。

ハンドサイクルを始めたのは、05年にテレビで見たのがきっかけ。「自分もできるかも」と通勤中や休日に15～20㌔走り、08年は東京－福岡間約1200㌔を走破した。

今回は、長崎、佐賀、福岡、熊本の順に各県を反時計回りし、5月5日にJR博多駅前（福岡市）にゴールの予定。

途中の4日間はスタッフの伴走なしで走る。峠道など難所も多いが、永野さんは「沿道からの声があると力が出る。支えてくれる人に胸を張って『やりました』と言えるよう頑張りたい」と話している。

西日本新聞
2010年4月24日付　朝刊

現在、日本には三〇〇人ほどのハンドバイクユーザーがいると言われている。僕自身、ハンドバイクに出合ってからというもの、行動範囲がかなり広がった。障害者だけでなく、少し足腰が弱ってきたかなという高齢者も含めて活用してもらえれば、それぞれの潜在能力をもっと引き出すことができると思っている。

こんなことも希求しての九州一周、さてどうなるか。九州各地で繰り広げられる「珍道中?」を楽しんでいただきたい。

懐かしい出会い

2010年4月24日 1日目
長崎駅〜佐賀・嬉野温泉 67・3キロ

スタートの前日、いつものように会社に行って仕事をし、二〇時五分発の飛行機に乗って福岡に着いた。軽食を食べながらスタッフとともに翌日の準備をしていると、夜中の二時になっていた。それから就寝——といっても、僕は机の上で寝ていた。

五時に起床した僕は、スタッフを起こさないように気を遣いながら最終確認をしていると、次々にスタッフが起きてきた。みんな眠そうな顔をしている。というより、しまりがない。五時四五分ごろから朝食をしっかりととり、六時三〇分、長崎駅に向けて車をスタートさせた。

九時三〇分にＪＲ長崎駅に着いた途端、驚いてしまった。ピースランを通じてTE－DEマラソンに関心を寄せてくれる人が増えたためだろうか、駅前には五〇人以上の人が集まっていた。そのなかには、以前よりお世話になっている「こころ医療福祉専門学校」[12]の岩永守弘理事長を筆頭に職員や生徒のみなさん、そして最初のチャレンジから見守ってくれている新聞社やテレビ局の人々の顔もあった。

みなさんがしてくれるカウントダウン、「スタート！」の発声とともにロータリーを軽快に飛びだして、今日のゴール地点である嬉野温泉までの道のりを進んだ。

国道34号線をひた走る。スピードメーターはすでに時速一七キロを指している。焦った僕はメーターの故障を疑い、

(12)　理学療法や柔道整復など七つの学科をもつ医療福祉専門学校。〒850－0048　長崎県長崎市上銭座町11－8　TEL：095－846－5561

長崎駅前では50人以上の人が迎えてくれた（出典：〈月刊リハビリテーション〉2010年6月号）

スタッフに確認を求めた。おそらく、体力があり余っている初日、しかも地元でのスタートとあって意気込んでいたのだろう。翌日以降のことを考え、少しペースを落とすことにした。四キロほど進むと、目の前に一台の軽トラックが現れ、僕たちの進む道をふさいだ。車道を走る僕たちが邪魔で、文句を言いに来たのだろうか。少しビクビクしながら、開いたドアからのぞく顔に視線を移した。すると、車から降りてきた男性が和やかな雰囲気で近づいてきた。

「久しぶりやねぇ」

さらにその男性は、一人の女性の名前を挙げた。僕の母だった。

聞くところによると、その男性は母の従兄で、僕たちは二五年振りの再会を果たしたようだ。最後に会ったのは、きっと僕が小学生のころだろう。男性の記憶にある僕は、細い腕で壁に手をかけながら歩いていた様子でしかないだろう。そんな子どもが、ごつい腕で、見たこともないマシンを操縦しているのだから、さぞかし驚いたはずだ。

TE－DEマラソンをはじめたおかげで、新しい縁はもちろん、旧来の縁にも再会することができる。TE－DEマラソンを知ってもらう、こんな障害者がいることも知ってもらう。そして、僕自身は、多くの人からたくさんの温かみをいただくことができる。これらの出会いは、これから先の道のりに希望を与えてくれるようにも感じた。

国道34号線を走り続けて大村湾に差し掛かった。ピースランで走った道を懐かしく思う。あの日も天気がよかった。海面は、この日もキラキラと輝いている。徐々に記憶がよみがえってくる。あと三〇キロほどで到着するはずだと思うと、やはりテンションが上がってくる。すると、またまた思いがけない出来事に遭遇した。

沿道から「頑張れ、永野さん！」という声援が聞こえてきた。声のほうに目をやると、「佐賀嬉野バリアフリーツアーセンター(13)」の人たちだった。事務局長を務めている嶋原哲也さんは、筋ジストロフィーを患っているにもかかわらず自ら車椅子に乗って、施設の状況を調べるために調査に出掛けている。

「バリアの捉え方は、人それぞれ違う。スロープの傾斜角度は何度なのか、歩道の段差は何センチあるのか、調査を行うことで、細やかに対応できる」と言う嶋原さんをはじめとして、佐賀嬉野バリアフリーツアーセンターのスタッフのみなさんの熱意もあって、嬉野温泉にはバリアフリー対応の客室が一三旅館、二〇部屋と全国でもトップレベルとなっている。こうした情熱ある人たちに大きなエネルギーをいただいた。ありがたい。

(13)　バリアフリーに向けた施設改修のアドバイスや介護機器の貸出を行う団体。〒843－0301　佐賀県嬉野市嬉野町大字下宿乙2202－55　TEL：0954－42－5126

車椅子からの応援（左)、オレンジ色の旗（右)（出典：〈月刊リハビリテーション〉 2010年７月号)

「元気と勇気もらった」

手こぎ自転車で九州一周挑戦

永野さん 嬉野に到着

手こぎ自転車で九州一周を目指し、長崎市を24日出発した身体障害者の永野明さん(34)＝東京都北区在住＝は同日夕、初日ゴールの嬉野市に到着し、温かい声援と拍手で迎えられた。

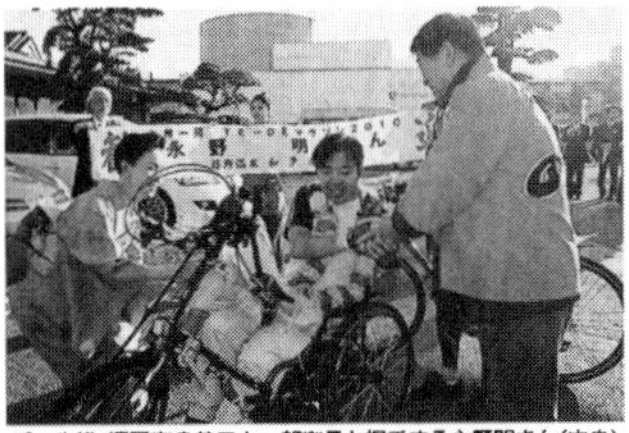

ゴール後、嬉野市の谷口太一郎市長と握手する永野明さん（中央）

旅館「和多屋別荘」の駐車場でゴールテープを切った永野さん。「歓迎」と書かれた横断幕を掲げた住民ら約50人から、口々に「お疲れさまでした」とねぎらいの言葉を掛けられ拍手を受けた。

「元気と勇気をもらいました」と近くの主婦、宮崎明子さん(72)。永野さんは「九州一周が終わったかのような大歓迎を受けて、感激しています」と笑顔で応えた。

永野さんは、1歳のときに発症した脳性まひの影響で、足が不自由だが、障害者プロレス団体「FORCE」を2000年に福岡市で立ち上げるなど、障害者のスポーツ振興に取り組んでいる。

この日は、手こぎ自転車で、長崎市―嬉野市間の65・3㌔を約7時間40分で走破した。ゴール後、旅館内で記者会見し「腕がしびれて感覚がない」と言いながらも、表情は明るく「同じ障害者が、内にこもらず挑戦する気持ちをもってもらえれば」と語った。

初日のゴールは温泉地。「今晩はゆっくり湯船につかって、英気を養います」と永野さんはにっこり。2日目の25日は午前6時に出発し、福岡県久留米市を目指す。

（大淵龍生）

西日本新聞（佐賀版）2010年４月25日付

そして、ゴール手前の俵坂峠の途中では、この日に宿泊することになっている「和多屋別荘」のスタッフや有志がわざわざ駆けつけてくれていた。

ラストの下り坂、「和多屋別荘」の小原建史社長（当時）は車で誘導してくれた。そのあとを追い掛けるように下っていくと、嬉野でTE－DEマラソンを応援してくれる方々が、「永野が和多屋別荘まで順調に走行できるように」と、オレンジ色の旗を振ってくれている。さらに、デイサービス「おがわち」(14)に通っている利用者たちが、車椅子に乗ってエールを送ってくれていた。

何か、信じられないことが目の前で起きている。僕がハンドバイクで走ることで、小さな「うねり」が生まれてきているのかもしれない。もし、そうであれば……うれしい！。

今日のゴール地点、「和多屋別荘」に到着。ここでもビックリ。嬉野市の谷口太一市長が出迎えてくれただけでなく、「歓迎」と書かれた横断幕の周りには五〇名ほどの人がいた。今日が初日だというのに、九州一周が終わったかのような感激をしてブレーキをかけると、女将さんが花束とともにレイを掛けてくれた。

「参った！」と、つぶやいてしまうぐらいありがたかった。恩を返すべき人たちの顔がどんどん頭に浮かんでくる。初日にして、すでに涙がこぼれていた。

---

(14)　〒843－0305　佐賀県嬉野市嬉野町大字不動山甲４４－１　TEL：0954－42－0024

コンビニ食と温かい食事

2010年4月25日 2日目
佐賀・嬉野温泉〜福岡・羽犬塚駅　66・4キロ

二日目のルートは比較的平坦で、見通しのよい一本道がずーっと続く。そのせいか日陰が少なく、アスファルトの照り返しが僕の体力を奪った。とはいえ、アップダウンがあったほうが変化があって楽しい。上りで頑張り、下りは休憩ができる。平坦な道ばかりだと、ただひたすら漕ぎ続けなければならないので飽きてくる。やはり人間は、贅沢にできているようだ。

嬉野温泉から出発して三三キロ地点、牛津大橋を越えると、この日に予定している走行距離の半分ほどになる。ここで福岡へ向かう道を地図を確認したところ、うれしい誤算があった。

「明さん！　佐賀市内まで数キロですよ。このペースだと、二〇分ぐらいで着きますよ」

佐賀市内に入るのには一時間以上はかかると見込んでいただけに、ちょっと拍子抜け。時計を見たら、まだ一一時前であった。快適なペースで、予想どおり二〇分後には佐賀市内に入った。

永野　こんなに予定どおりに進むことなんてあんまりないな。この先、何かあるんじゃないか？　大丈夫か？

スタッフ　予定どおり進んでいいじゃないですか。

永野　そうか。TE－DEマラソンの道中は、いつもコンビニ食が多いから、どっかに入って飯を食おうぜ。こんな機会滅多にないよ。

スタッフ　いいですね。どこにしますか？

不思議なもので、時間の余裕ができると気持ちの余裕まで生まれてくる。コンビニ弁当以外のものが食べられるだけで胸が躍った。店を探しながら福岡方面へ少し向かうと、一軒のてんぷら屋さんを見つけた。店先から漂う、揚げ物のいい香りが食欲をかき立てた。

「ググーッ」というお腹の音が聞こえたかと思った途端、隣に座っているスタッフが懸命にご飯を掻き込んでいた。お箸が茶碗に触れる音、イカを噛み切る音、そこにズズッーという汁物をすする音が重なってくる。滅多にありつけない温かい食事、上品とは言えない食べ方もしようがない。

空腹を満たし、落ち着いた僕たちは、十分な余力を残して今日のゴール地点であるJR羽犬塚駅に到着した。ただ、明日からの四日間は僕だけの単独走行になるので、浮かれている場合ではない。

佐賀市内に入る（出典：〈月刊リハビリテーション〉2010年8・9月号）

単独走行で熊本を目指す

2010年4月26日 3日目
福岡・羽犬塚駅〜熊本市内　74・9キロ

前日の夜にスタッフと別れた。気が張っているせいなのか、五時前には目が覚めてしまった。どうも、朝からテンションが高い。いつもと同じように走ること、と自らに言い聞かせ、準備を整えながら行程を確認した。

六時に出発。鹿児島方面を目指し、国道3号線を走った。今日のゴール地点は熊本である。一本道なのだが、どういうわけか、まちがわないようにと気を遣ってしまう。標識を確認しながら、途中で何度も地図を確認してしまった。

単独走行ということで、これまでとは勝手が違い、ほとんど休憩をとることができなかった。唯一気持ちが落ち着いたのは、友人から届いたメールや、道行くおじさんにルートの情報をもらったときだった。

明るいうちの一七時に熊本市内に入れたが、目指す熊本駅の標識がなかなか出てこない。すれ違った人に道を訊ねたら、国道3号線は市の郊外を通っていて、このまま走っても駅には着かないという。しかし、幸いにも駅までは五キロほどだった。

宿に着くと、安心して爆睡してしまった。

熊本の三太郎

2010年4月27日 4日目
熊本市内～熊本・水俣駅　95・6キロ

五時一五分、かなりの勢いで雨が降っている。六時の出発は難しそうだ。天気予報を確認したところ、昼には上がるらしいが、昼すぎに出発したのではその日のうちに水俣まで行けない。八時前、雨具を着て出発することにした。

ハンドバイクに乗り込むと、前日に出会ったおじさんの言葉を思い出した。
「水俣に行くんなら、三太郎峠があるから気を付けて。あれはキツイからな」

しかし、目を皿のようにして地図を探しても、そんな地名がない。もしかすると、まちがえて記憶してしまったのかと疑心暗鬼になる。確実に水俣には進んでいるはずなのに……ひょっとしたら大事な情報を聞きもらしてしまったのか。

向かい風に視界を遮られると、なんだかそのことが気になってくる。雨足が強いためにスピードが出せないので、車道を走るのをやめて歩道に切り替えた。

しばらく行くと、幸いにも雨が上がり、道路が次第に乾きはじめた。となると、歩道を濡らした雨が蒸発して湿気に変わるため、蒸し暑いことこのうえない。それに、どこからが峠なのか分からないような道が続いている。

「あんた！　あんた！」

振り返ると、ハンドバイクがよっぽど珍しいのか、犬を連れたおじさんがわざわざ僕のほうに近づいてきた。

「あんた、この坂、上ってきたとね。きつかったろ。こん先もまだあるばい。がんばんなっせ」

「今のが、三太郎峠ですか？」

と、期待を込めて聞いたが、この期待にはこたえてくれなかった。

「三太郎峠とは、津奈木太郎、佐敷太郎、赤松太郎の三つの峠のことやけん、まだまだたい。これは赤松太郎やけん、あと二つ……」

唖然としながらも、おじさんに一礼をし、僕は先を急いだ。

三太郎峠のことを「魔の三太郎峠」なんて呼ぶ人もいる。江戸時代に整備された薩摩街道にある峠で、明治時代に畠中三太郎という農業指導者が峠の開墾をはじめたのがその由来らしい。それにしても、よくぞこれだけの山を開墾したものだ。予想以上の急勾配。傾斜がきつく、前に進みにくいときはハンドバイクをうしろから押しながら三つの峠を順番に乗り越えていった。

目指す先はJR水俣駅。二一時を回っているが、まだ二五キロも残っていた。暗闇のなかでハンドルを回し続け、二三時三〇分、ようやくゴールに到着した。ホテルの門限が〇時だったので、ギリギリのチェックインとなった。

おばあちゃんの隠れた体力

2010年4月28日　5日目
熊本・水俣駅～鹿児島・川内駅　66・1キロ

今日は、いよいよ鹿児島県に入る。そして、単独走行も今日が最後となる。

六時三〇分、ＪＲ水俣駅前を出発。

熊本県水俣市といえば、社会科の授業でしか接点のなかった僕でも「水俣病」を思い出してしまう。化学工業会社であるチッソが海に流した廃液によって引き起こされた公害病、世界的にも「Minamata disease」の名で知られている。水銀汚染による公害病の恐ろしさを世に知らしめただけでなく、環境汚染による食物連鎖によって引き起こされた人類史上最初の病気であり、「公害の原点」とも言われている。

なお、舞台となった水俣湾は、環境庁（現環境省）の調査によって安全が確認されており、現在では普通に漁が行われている。タイ、ブリ、イワシ、アジなどが捕れるだけでなく、熱帯魚が泳ぎ、珊瑚礁もあるといったきれいな海になっている。もちろん、海水浴もできる。

とはいえ、今でも水俣病に苦しんでいる方々がいらっしゃるわけだし、水質にしても完全に戻ったわけではない。それゆえ、闘いが終わったとは言えない。何十年にもわたって水俣湾再生のために奮闘されてきた人々のことを思うと、ただただ頭が下がる。

肥薩おれんじ鉄道(15)を横目に、国道3号線を走って鹿児島県に入った。最初の町は、ツルの飛来地としても有名な出水《いずみ》市。ここで、忘れることのできない二人に出会った。

出水市に入って、初めての信号待ち。うしろから老夫婦が声をかけてきた。

「珍しいもん、乗っとるねぇ」

八〇歳前後かとおぼしき夫婦は、互いの手を握りしめ、ゆっくりと近づいてくる。しゃべりかけてきたのは、おばあちゃんのほうだった。

「あんた、どっから来たとね」

「どこ行くとね」

「こん乗り物はどげんなっとうとね」

「あんたよりも何年も生きとるけど、はじめて見たバイ」

矢継ぎ早の質問攻め。聞くところによると、結婚六〇年のベテラン夫婦は、毎朝リウマチのおばあちゃんの手を引いて、おじいちゃんが病院まで送っているという。危なっかしい足取りの妻に負担をかけないよう、おじいちゃんはゆっくりとリードしていた。

このような夫婦になりたいと思いながら微笑ましく二人を見送ろうとしたとき、おばあちゃんがハキハキした声で「ミカンを持っていきなさい」と言った。返事をする間も与えず、さっきまで歩くのも大変そうにしていたおばあちゃんは足早に自宅に戻り、あっという間に帰ってきた。

その手には四五リットルのゴミ袋が握られていた。その中に、三〇個ほどのミカンがぎっしりと入っていた。

「はい」と言って、おばあちゃんがその袋を僕に差し出した。相当な重さだっただろうに……。せっかくのご厚意、いただきたいのはやまやまだったが、積むスペースもないので一つだけいただいた。残念そうな表情を浮かべながらもおばあちゃんは、「がんばんしゃいね！」と大きな声で見送ってくれた。

こんな出会いの一方、「いっしょにごはんを食べたいけど、用があるからごいっしょできない。美味しいのを食べてね」と言って、二〇〇〇円をポケットに突っ込んでくれた人もいた。手で漕ぐハンドバイクが目立つからだろうか、声を掛けていただくことが本当に多い。

理想的な老夫婦（出典：〈月刊リハビリテーション〉2010年10月号）

(15)　九州新幹線新の開業に伴い、JR九州から経営移管された第三セクターの鉄道会社。八代－川内間で運営を行っている。二〇一三年から、新八代－川内間で観光列車「おれんじ食堂」、出水－八代、または出水－川内間で「おれんじカフェ」（貸切）の運行を開始し、観光客の誘致に努めている。

奮い立つように、僕は国道3号線を先に進んだ。畑のほか何も見えない真っすぐな一本道。そこへ突然、トトロが等身大（？）で出現した。そのぬいぐるみの大きさは圧巻。まるで、鹿児島駅はあっちだよ、と案内してくれているようだった。このトトロ、次の機会にはぜひ触ってみたい。

二一時、ＪＲ川内《せんだい》駅に到着。ゆっくりと食事をして、お風呂に浸かって疲れをとることにした。明日はスタッフとも合流できるし、その翌日は休息日である。

等身大（？）のトトロ（写真提供：豊岡聡）

ハンドバイクにとっての橋、高齢者にとっての橋

2010年4月29日　6日目
鹿児島・川内駅～鹿児島・霧島　103・4キロ

九州一周も旅半ばとなる六日目、六時一五分に出発した。前日、天候の崩れで予定した所よりも少し手前のホテルに急きょ宿泊することにしたため、この日は前日分の距離を取り返さないと

いけない。

早朝の出発ということで、ホテルのサービスとなっている朝食に手をつける余裕がなかった。急いでチェックアウトをし、玄関前で出発準備をしていると、ホテルの人が紙ナフキンを差し出してきた。開いてみると、真っ白なパンなどが入っていた。

「昨日、チェックインのときに九州一周中だとおっしゃっていたので……」

人の優しさに触れると清々しい気分になる。当然、ハンドルの押し方もなめらかになる。


一〇キロほど進んだ所が、いちき串木野《くしきの》市。ここには大きな橋があり、その先には市民病院やボーリング場などが見える。全長二〇〇メートルほどだろうか、川を見下ろすと水が澄みきっていた。もう少しで橋の真ん中、上りきるとあとは下るのみだ。ギアを変えたそのとき、前方に一人のおばあちゃんが見えた。道路にしゃがみ込んで、しんどそうに息を吸ったり吐いたりしている。

「ばーちゃん、どうしたと？　どっか痛いと？　救急車呼ぼうか？」

おばあちゃんの視線の先にはハンドバイクがあった。

「あんた、よいもんに乗っとるね。そこの病院まで乗せていってくれんね」

手を差し出すと、おばあちゃんはゆっくりと腰を上げた。話を聞くと、おばあちゃんは毎朝病院に通っており、何年にもわたってこの橋を渡っているという。慣れた道ではあるが、歳を重ねるにつれてきつくなってきているとも言う。

　たしかに、勾配が急で、つかまる手すりもほとんどない。腰の曲がったおばあちゃんにはひと苦労、というのがよく分かる橋である。

　おばあちゃんをハンドバイクに乗せることはできなかったが（というか、乗れない）、僕はおばあちゃんの歩行にあわせ、ハンドバイクをゆっくり漕いで橋を渡った。病院に着くまで、おばあちゃんは少し苦しそうにしながらも話をやめることがなかった。おばあちゃんが病院に入るのを見届けてから、再びハンドルを握った。

　走りながら、さっきのおばあちゃんの顔や昨日会った老夫婦の姿が思い起こされた。道路で見かける高齢者は、みな市民病院などに向かっている。これが高齢化社会ということなのだろうか。後日、この年の酷暑で「暑い、暑い」と弱音を吐いたとき、僕はこの日に出会ったおばあちゃんの姿を思い起こした。


　薩摩半島を横切るように、今日のゴール地点であるJR鹿児島中央駅に向かった。しばらくして、新聞社から携帯電話に連絡が入った。鹿児島中央駅付近で取材をしたいと言う。「着くのは夕方近くになります」と答えて電話を切ったが、マスコミ大好き人間の僕としては俄然テンションが上がった。それに、ここでは妻の響子とも合流することになっていた。

一五時三〇分、ＪＲ鹿児島中央駅に到着。駅前にある西郷隆盛像の前で、一五分ほどの取材を受けた。取材もさることながら、歴史も大好きな三五歳の僕は、西郷さんの銅像を前にしてはしゃいでしまった。

さて、ここからは国道10号線。つまり、国道3号線はここで終わりとなる。となると、僕はこれまでに、国道の1、2、3号線をすべて制覇したことになる。道の始点と終点を体験する、こんなことにロマンを感じるのは僕だけであろうか。

桜島を右手に見て国道10号線を走っていたら、黒煙が上がった。一瞬驚いたが、それ以上にびっくりしたのは、鹿児島市内に火山灰の置き場が設置されていたことだった。地元の人にとっては当たり前のことだろうが、「よそ者」にとっては初めて見るゴミ捨て場である。

厳しい横風を受けながら海沿いを走っていく。予定しているゴール地点まであと三五キロという所で、合流したスタッフにストップをかけられた。目の前には、一五キロも続く上り坂が控えていた。

明日、午前中だけ走ることにして、今日は霧島に泊まることにした。何と言ってもうれしいことに、明日の午後からは休息だ！

休息の楽しみ

2010年4月30日 6日目 鹿児島・霧島〜宮崎・都城駅 35・4キロ

お昼前に宮崎・都城に着き、半日の休息を楽しむために、まず宿舎に戻ってシャワーを浴び、気分転換にスタッフとともにドライブに出掛けた。その目的地は、二〇〇八年のTE－DEマラソンのところでも紹介した、バイオ茶をつくっている「宮崎上水園《みやざきかみみずえん》」。

上水社長は、まるで自分の子どもが帰省したかのように僕たちの訪問を喜んでくれた。広い座敷に迎え入れたあと、肥沃な土地で育った柑橘系のフルーツやお茶でもてなしてくれた。目を細めながら道中の様子を聞いたあと、明日からのルートについてアドバイスをしてくれた。

実は、上水社長宅で、響子ともどもお風呂までいただいている。ここのお風呂、「いったい何人家族なんだ⁉」と思うほど広い。広さだけでなく湯船までが大きく、

宮崎上水園の入り口（出典：『「バイオ茶は」こうして生まれた』新評論、2011年）

五～六人はゆっくりと入れる。スタートしてから今日まで、ビジネスホテルのユニットバスでシャワーを浴びるだけという毎日だったので、いただいた「バイオ茶風呂」は最高だった。これぞ、休息！　感謝をしてもしきれない存在である。

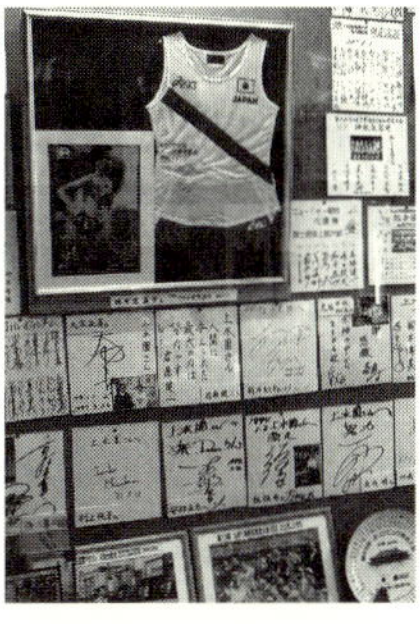

店内にはトップアスリート達の色紙などが飾られている

後半のスタート

2010年5月1日　7日目
宮崎・都城駅～宮崎・高鍋　86・6キロ

五時に起床。この日から、ゴールデンウィークに入った畠中君と田代君が再度伴走してくれることになった。そのせいか、宮崎県を南北に結ぶ山道も不思議と不安はなかった。ただ一つ心配だったのは、休憩場所の確保である。

大都市と違って、何と言ってもコンビニがほとんどない。そのため、トイレも栄養補給も非常に難しくなる。サポートカーに乗り込んだスタッフがカーナビでコンビニを検索したところ、その間隔が五キロ以上あるというのが普通だった。計画的にトイレをすませ、飲み物や食事を買い込むことにした。

ちなみに、コンビニが見当たらないときは、ガソリンスタンドや道の駅にもお世話になった。山間部に位置することの多い道の駅は、トイレも広いし、お土産を買うという楽しみも加わって、とても重宝した。

一五時にJR宮崎駅を通過し、一六時すぎ、今日の目的地である新富町役場に到着した。役場の前に敷いてある口蹄疫用のシートを見て、県内が厳戒体制下にあることを思い出した。

口蹄疫とは、口蹄疫ウイルスによる家畜の伝染病で、法定伝染病に指定されている。人間に感染することはまずないが、野鳥や犬、猫、ネズミなどを媒介として感染するためあっという間に広がり、家畜のアウトブレイクが起こる可能性が高い。そのため、多大な経済的損失が拡大するのを防止することを目的に、その地域の家畜の隔離や殺処分が行われる。

この年の四月二〇日に公表され、八月二七日に終息するまで、約二九万頭にも上る牛や豚が殺処分され、向こう五年間で一三〇〇億円強という経済損失があると試算されている。大都市に住み、普段スーパーなどでトレイに載った肉しか見ていない僕には、これらの数字が意味するところは分からない。自己反省をふまえて、「食育」の重要性を感じてしまった。(16)

このようなことを考えたのは、もちろん、東京に帰ってからのことである。

役場から宿舎に向かおうとしたとき、スタッフから「明日から、さらに山道が多くなります。

今日はまだ時間もありますし、もう少し走ってストックをつくりませんか？」と言われた。「ストック⁉」、そんなことは考えたことがなかった。たしかに、明日は一二〇キロ以上走ることになっている。それに山道である。スタッフの意見を取り入れ、少し長めの休憩を取ってから走り出したが、雨がパラついてきたので八キロほど進んで今日のゴールとし、サポートカーにハンドバイクを乗せて、予定していた宿舎まで戻った。

地元の陸上選手からアドバイス

2010年5月2日　8日目
宮崎・高鍋～宮崎・北川　77・2キロ

五時半に宿舎を出発。昨日走った所までサポートカーで行き、ルートの確認をして、そこからスタート。

「ストックした」せいか、少し気持ちに余裕ができていた。のどかな風景もあいまって、なんだかペースも落ちてきた。本当に、のどかである。バス停の時刻表を見ると、一日に三本しか走っ

(16) 気の毒なことに、宮崎県は翌年の二〇一一年、新燃岳の噴火、鳥インフルエンザという被害に遭われている。畜産業だけでなく、農業や観光といった面での被害額もかなりの数字となる。

ていなかった。ちょっと、僕には住めそうにない。

一六時三〇分、JR延岡駅着。延岡名物の「チキン南蛮」も食べたいところだが、今日もストックができれば……と目論んでいたので諦めることにした。うしろ髪を引かれながら名物店の看板の前を通りすぎ、走行を続けていくと十数人のランナーとすれ違った。

「お疲れさま！」

声をかけてきたのは、毎年お正月に行われている「ニューイヤー駅伝」などで有名な旭化成の陸上部のメンバーだった。(17)

「頑張って！」と声をかけられるのが普通である。このとき僕は、何となく、「ここまでお疲れさま」、「この先、気を付けて！」と言われたような感じがした。ひょっとしたら、少しはアスリートという領域に近づいたのかもしれない、と生意気にも思ってしまった。


今日のゴールは、宮崎・北川。おかげで「ストック」は一四キロになった。貯金箱にお金が貯まったようでうれしい。残すところあと三日、翌日からは大分を目指すことになる。

前日と同様、サポートカーにハンドバイクを乗せて宿泊先に到着した僕たちは、国道10号線を通るか、国道326号線を通るかと決めかねていた。国道10号線は、鹿児島市内からずっと続いている古い道で、道幅が狭い。一方、国道326号線は、新しくできた道だけあって道幅は広いが、状況が分からない。どちらの道を走るにしても、共通して言えることは「山道」ということである。

いくら話し合っても道に不案内な僕たちは、九電工の陸上チームの高橋豊事務局長（当時）にアドバイスを求めた。ちなみに九電工の陸上部は、旭化成とともに「ニューイヤー駅伝」や「九州一周駅伝」(18)に出場している実業団チームである。知人のスポーツライターからの紹介で連絡をさせてもらったのが縁のはじまりで、前述したバイオ茶をつくっている上水社長に、その縁をつないでもらっている。

さすが、九州の道には精通していた。道が舗装されていて走りやすいということ、そして安全であるという理由で、国道３２６号線を進むことに決めた。

---

(17) 宮崎県延岡市に本拠地を置いている実業団陸上競技部。監督はOBでモスクワ・ロサンゼルスオリンピックのマラソン代表の宗猛が務めている。バルセロナ五輪で銀メダルを獲得した森下広一のほか、宗茂・宗猛兄弟、谷口浩美、川嶋伸次など数々のオリンピック・世界選手権代表を輩出している。

(18) 長崎平和公園をスタート地点とし、その名のとおり九州を一周する世界最長の駅伝大会。毎年、一〇月末から一一月上旬にかけて開催されていたが、二〇一三年の第六二回を最後に終了している。

人力車で日本一周?

2010年5月3日 10日目
宮崎・北川〜大分・別府　92・9キロ

　昨日すすめられた国道326号線は、宮崎・延岡市と大分・豊後大野市を結ぶ国道である。国道10号線のバイパスとして貴重な役割を果たしている。

　六時に出発して四時間後、大分県に入った。ここから山道の本番となる。その前にと思って道の駅で休憩をしているとき、「昨日、人力車で日本一周をしている二人組を見た」という情報をもらった。東京・浅草のような観光地でしか見られない人力車で日本一周……僕たち以上に変わっている人たちだ。できれば会ってみたい。

　一〇キロほど走った所で人力車を発見したのだが、お二人は休憩中ということでいなかった。先を急ぐ僕たちはあきらめて、シートのかかった人力車をパチリ。

休憩中の人力車（出典：〈月刊リハビリテーション〉2010年11月号）

　まるで農道のような山道を進んでいくと、小刻みにカーブが続きはじめた。山道というのは覚悟していたが、意外にもトラックなどの交通量が多かったことには参った。緊張感の続く走行となったが、前日、前々日のストックのおかげで何とか乗り切り、二〇時三〇分、ＪＲ別府駅に到着した。

温泉に入ることはできなかったが、駅前にある「手湯」で手の疲れをとって宿舎に向かい、しっかりと食事をとって明日に備えることにした。どういうわけか、食欲だけはまったく落ちていない。

パワースポットに願う完走

2010年5月4日　11日目
大分・別府～福岡・小倉　119・2キロ

この日、全行程のなかでも最長距離である約一二〇キロを走行することになる。経験したことのある距離なのであまり不安はないが、伴走をしてくれている畠中君が少し疲れた様子を見せはじめた。前日から風邪気味で、体調がよくないと言う。「気合でなんとか……」と強気なところを見せるが、心配だ。彼のためにも、少しでも早く小倉に着きたい。

別府をスタートして、大分・宇佐に入った。宇佐市は、大分県の北部、国東半島の付け根に位置する都市である。ここには、全国の八幡様四万六〇〇社の総本宮である宇佐神宮がある。

国道10号線からほんの少し左に入って朱色の橋をわたると、おごそかな雰囲気に包まれてくる。ゴールデンウィーク真っただ中ということもあり、大勢の参拝客が押し寄せていた。いわゆるパワースポット、その霊気を受けることができたのかペースはいたって順調である。

一三時ごろ、今日の行程の半分の所まで来た。ここでしっかりと昼食をとって、再び出発。

宇佐から福岡に抜ける国道10号線は、道幅は狭いものの路面の質がよいせいか非常に走りやすい。しかし、街中でもアップダウンが多かった。

一七時ころ、福岡・行橋に差し掛かったあたりで西日本新聞の取材を受けた。「お久しぶりです」と声をかけてきた記者は、最初のチャレンジのときにも取材をしてくれた人であった。こうして取材を受けるたびに、たくさんの人にハンドバイクのことが知ってもらえるので本当にありがたい。

宇佐神宮（提供：宇佐神宮庁）

気が付くと、かなり陽が落ちていた。気持ちに焦りが出はじめる。あと三〇キロ、二一時には今日のゴール地点である小倉に着きそうだが、畠中君の体調がやはりよくなかった。しかし、幸いなことに、「大飯《おおめし》ぐらいの畠中君」の食欲だけは普段どおりであった。

翌日はいつもより出発が一時間遅いため、少しは休んでもらえる……そんなことを考えながら残り一〇キロを進んで小倉北区に入った。賑やかな街並みが僕らを迎えてくれた。山道が続いたこともあって、夜の灯りを目にすると妙に安心した。

畠中君の気を紛らわせようと、僕は話し掛けてみた。

「飲み屋がいっぱいあるよ、いつか飲みに来たいね」

しかし、そんな僕の冗談は一刀両断にされた。それどころではなかった畠中君はひと言。

「明さん、早く行きましょう！」

今考えると、この日のチームコンディションが一番よかったように思う。たしかに、畠中君の体調はよくなかったし、サポートカーに乗り込んでいるスタッフの疲労もピークに達していたかもしれない。しかし、それぞれが相手のことを気遣ったおかげで、一二〇キロという距離を走破することができた。「支え合うトライアングル」が完成した日かもしれない。

ゴールへの「ありがとう」

2010年5月5日 12日目
福岡・小倉〜福岡・博多駅　78・8キロ

五時に起床。最終日のこの日は、少し寄り道をすることにしていた。先にも紹介した「九州医療スポーツ専門学校」に立ち寄り、身体のメンテナンスをしてもらうことになっていた。この専門学校は、のちに僕が就職することになる「学校法人国際学園」(19)が運営している。

朝の七時すぎというのに、社長兼理事長の水嶋昭彦代表をはじめとして、多くの先生たちやスポーツトレーナーが迎えてくれた。

早速、治療用ベッドに案内してもらった。その周りには、ズラッと生徒のみなさんが並んでいる。ベテランのスポーツトレーナー（ST）の説明を聞きながら、手技の見学をしているのだ。

ST　どっか調子の悪いところはないですか？

永野　左肩がもう上手く動かないですね。痛みというか、痺れというか、もうほとんど感覚がないんですよ。

ST　分かりました。ちょっと診てみましょう。

永野　（結構痛いなあ。自分では分かっていなかったけど……）

ST　どうですか？　少しはよくなりましたか？
永野　（若干、肩の周りが軽くなってきた）良くなってきたんですけど、やっぱり不安がありますね。今日は七〇キロ弱なんで、あんまりハードではないんですが……。
ST　テーピングをしておきましょう。

このテーピングがかなり効いた。左肩に違和感が残るものの、動きが抜群によくなった。もちろん、ほかのスタッフも診てもらい、マッサージによって身体が楽になった。さわやかな気分となり、九州医療スポーツ専門学校のみなさんに見送っていただきラストライド。

小倉から福岡までの行程は、三度目となる慣れた道である。畠中君の体調も戻ってきたようで、会話ができるくらいまで回復した。

福岡市に入る手前で昼食をとり、ラストスパートに備えた。それにしても、今回のチャレンジでは、みんなが食事をしっかりとることができた。連続で長距離を移動していくわけだから、

（19）〒802－0005　福岡県北九州市小倉北区堺町1－2－16　十八銀行第一生命共同ビル6F　TEL：093－513－5931

睡眠と、水分補給を含む食事がなんと言っても重要となる。アスリートと呼ばれる人たちが、これらのことを常に口にするのには、ちゃんと意味があるということである。

福岡市東区和白に入り、ゴール地点である博多駅前の紀伊國屋書店福岡本店を目指した。古くからの友人である畠中君との最後の走り、なんだか嬉しいような寂しいような感じがして、複雑な気持ちであった。

一七時三〇分、紀伊國屋書店の方に迎えられてゴール。ここで完走会見を開くことになっていたのだが、すでに多くの新聞記者が集まっていた。会見のとき、宮崎で会ったおばあちゃんの話や道の状態などについて淡々と報告をした。すると記者から、

「今、完走されたのですが、なんか達成感のようなものはないのでしょうか。お話をうかがっていると、

九州医療スポーツ専門学校のみなさんの出迎えを受ける（出典：〈月刊リハビリテーション〉2010年12月号）

『やったぞ！』みたいな雰囲気が感じられないのですが……」

という質問を受けた。どうやら、マスコミ受けをする報告ではなかったようだ。このとき僕は、次のように答えた。

「毎日のゴールを一一日間繰り返しただけですから、あまりそういう実感はありません。走った僕がすごいのではなく、僕を支えてくれたスタッフが素晴らしいことを分かってもらいたいです。ですから、『やった！』というより『ありがとう』の気持ちのほうが先にきます」

(20)　〒812－0012　福岡県福岡市博多区博多駅中央街２－１　博多バスターミナル６Ｆ
TEL：092－434－3100

手こぎ自転車1000キロ完走

九州一周 博多駅にゴール

障害者の永野さん

手こぎ自転車「ハンドサイクル」での「九州一周」を目指し、先月24日に長崎市を出発した障害者プロレス団体「FORCE」代表の永野明さん㉞＝東京都北区＝が5日夕、ゴールのJR博多駅に到着、関係者からねぎらいの言葉を掛けられ、拍手で迎えられた。

福岡市出身の永野さんは、脳性まひの影響で両脚が思うように動かない。22歳のころからプロレスを始め、2000年にはFORCEを設立するなど障害者のスポーツ振興に取り組んでいる。

車いすと自転車を組み合わせたハンドサイクルを両手でペダルをこいで走る長旅への挑戦は、08年の東京―福岡約1200キロ、09年の広島―長崎約470キロに続き3回目。「走る姿を見てもらい、障害者が気軽に社会参画できる世の中になれば」との思いを込めており、今回は12日間で、九州7県を走る約千キロの「九州一周」を果たし、3回連続で目標を達成した。

今回は初めて伴走者なしでの走行にも挑戦。3日と平日は一人で走った。永野さんはゴール後、JR博多駅そばの紀伊国屋書店福岡本店（福岡市博多区）で記者会見し、「一人になることで自分と向き合い、住民の皆さんとも積極的に触れ合うことができた。がんばれという声援がうれしかった」と日焼けした顔をほころばせた。古里の九州を走った感想については「苦しい山道を越えた後の峠から見た風景が美しかった」と話した。

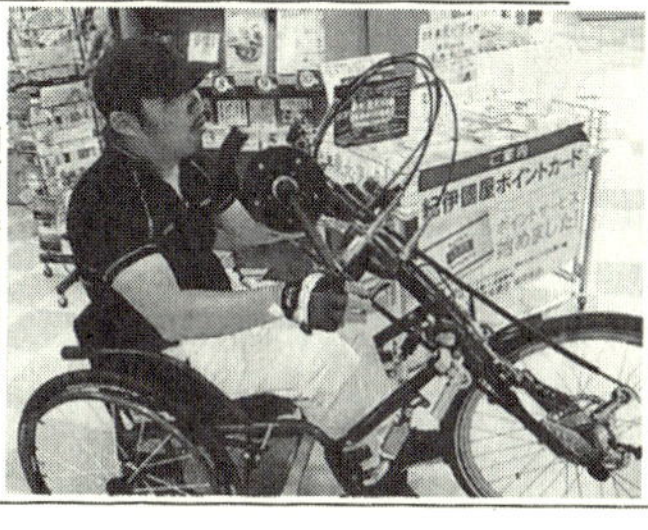

九州一周を果たした永野明さん

西日本新聞（都市圏版）2010年５月７日付朝刊

最初のチャレンジのときにはしっかりと伝えることのできなかったスタッフへの感謝の言葉を、このときは記者の前で伝えることができた。

会見終了後、僕はサポートカーに乗っていた田代君に、ハンドバイクに着けていた腕時計をプレゼントした。おかげで今回も無事に走ることができたという、感謝の気持ちを込めてわたした。ちなみに彼は、障害者プロレスの後輩であり、今回のチャレンジにもサポート役を買って出てくれていた。

翌日も五時に目が覚めてしまった。走る予定がないのだから、こんなに早く起きてもしょうがない。毎日、この時間に起きていたからであろう。若干の疲労感はあるが、今回は

「おがわち」のおじいちゃん、おばあちゃんからのいただいた紙のちぎり絵

筋肉痛といったものがほとんどない。そのため、一日中、備品なども含めて今回のチャレンジの整理をすることができた。

そして二日後、僕は初日のゴール地点でお世話になった佐賀・嬉野を訪れた。デイサービス「おがわち」に立ち寄り、利用者のおじいちゃんやおばあちゃんに完走の報告をした。車椅子に乗ったおじいちゃんやおばあちゃんは、しわしわの手で僕の手を握り、何度も何度も「頑張ったね」と涙を流して喜んでくれた。

お礼を言いに行ったはずなのに、逆に「ありがとう」という言葉をいただいてしまった。恐縮するばかりだが、このときようやく実感できた。

走りきった、と――。

TE－DEマラソン　日本横断五〇〇〇キロ

東日本大震災

二〇一一年三月一一日、勤務先である印刷会社にいた僕は大きな揺れを感じた。それからしばらくして、テレビが報道するニュース映像を見て唖然とした。家屋や街が波に飲み込まれるという光景が、何度も何度も繰り返し放送された。そして、家族や友人を助けることができなかったと嘆く人々の姿といった映像が、地震による津波被害の大きさをさらに残酷なものにしていた。

翌三月一二日の夜、九州で用事が入っていた僕は、被災地とは逆の方向に向かって南下していた。まるで悲しみから遠ざかるような自分に少し負い目を感じつつ……。そのせいか、新幹線に乗っている間中、ずっと携帯電話で震災情報を確認しては想いをめぐらせていた。

「障害をもっている人も、自分でできることはやろう！」

と、思い切ってTwitterでつぶやいた。

まずは逃げてほしい。聴覚障害をもつ人だったら、配給の場所や時間を知るために、指で文字を描くようにして隣の人に尋ねてほしい。下肢が不自由な人で壁に伝って歩ける人は、行ける所まで移動し、歩けなくなったらほかの人の肩を借りよう。「ここまでならできる」、あるいは「ここだけ力を貸してほしい」ことを自分で決め、まずは自分でできることを考えてみよう――そんなメッセージを込めて送った。

障害をもつ人のなかには、ヘルパーや親に助けてもらうことが当たり前となっている人がいる。自分で着替えられるのに、親が手を貸すと、赤ちゃんのように甘える人もいる。しかし、惨事の現場にいた人たちは、健常者であろうとお金持ちであろうと、誰しもが救助や支援を望む立場になる。つまり、「やってくれない」ことが普通の状況となるのだ。ゆえに、障害をもっているからといって優遇されることはない。かぎられた支援を、みんなが平等に分配していかなければならないのだ。

しかし、僕のメッセージは、不安を感じている被災地の人

震災直後の石巻（撮影：川畑嘉文）

にとってはいらだちの対象になってしまった。

「自分でできない障害者はどうするんですか?」

「明さんは自力でできるかもしれないけど……みんながあなたと同じではないのです!」

「無責任なことを言わないでください!」

携帯電話の画面にはクレームが並んだ。温かい食事をとっている自分にもどかしさを感じ、用事を済ましてから東京に戻った。そして、最初のTE－DEマラソンである「東京－福岡間」の様子を中継してくれたNPO法人「STAND」の代表で、障害者スポーツの振興に尽力されている僕のメンターでもある伊藤数子さん[21]の呼び掛けで、バンクーバー・パラリンピックでノルディックスキー金メダルを獲得した新田佳浩選手や元プロ野球投手の川崎健次郎さんといったアスリートとともに、僕はマイクロバスに乗り込んで石巻に向かい、現地で炊き出しを行うことにした。

石巻中学校と門脇中学校ではテントを設営し、カレーや

伊藤数子さんとともにガンバル（提供：伊藤数子）

豚汁一八〇〇食を提供し、住民の人たちと握手を交わした。そうして、新田選手の「スポーツ人として何ができるか」という声を聞き、目の前に広がる傷跡を憂いた。

僕にできることは……。

僕にできることは、走ること

震災による被害のすごさが日に日にはっきりしはじめた二〇一一年五月、僕は再び走ることを決めた。いろいろと考えあぐねたが、僕にできることはやっぱり走ることしかない。そして、三年前に衆議院第二議員会館で宣言した目標を一つずつ達成していくことにした。

(21)　一九九一年、車椅子陸上競技の観戦が契機となり、二〇〇三年から競技大会のインターネットライブ中継を開始。誰もが明るく豊かに暮らす社会を実現するための「ユニバーサルコミュニケーション活動」のため、二〇〇五年にNPO法人「STAND」を設立し、障害者スポーツ事業を本格始動させる。現在、ウェブサイト「挑戦者たち」の編集長としてパラリンピックなどの障害者スポーツの魅力を配信するほか、スポーツイベントや体験会も開催している。東京オリンピック・パラリンピック競技大会組織委員会顧問、総務省情報通信審議会専門委員、日本パラリンピアンズ協会アドバイザーなども務める。著書に、『ようこそ、障害者スポーツへ　パラリンピックを目指すアスリートたち』（廣済堂出版、二〇一二年）がある。

まず、東京から石川・金沢までの日本横断を計画した。この日本横断は、のちに行う日本縦断に向けたテスト走行を第一の目的とした。また、TE‐DEマラソンや石巻でのボランティアでお世話になったNPO法人「STAND」の伊藤さんの地元が石川県だったからでもある。

スタートは、一回目のTE‐DEマラソンと同じく東京・日本橋。江戸時代、日本橋は五街道の始発地点であった。だから、僕もここから金沢に向かうことにした。

六日間の行程で必要なものは、ジャージ一式、下着二枚、靴下二足、Tシャツ三枚、バイオ茶一袋、クエン酸ドリンク二箱、ミネラルウォーター三本、サプリ、テーピング三巻、工具に財布、携帯充電器、iPod、グローブ、ヘルメット……。どんなに削っても、荷物をこれ以下にすることはできない。ハンドバイクの椅子の下に詰めて、東京北区東十条の家を後にして東京・日本橋に向かった。

快晴という最高の天気のもと国道17号を北上すると、先ほど出発したわが家のあたりを通りすぎる。そして、一二キロをすぎたあたりで「高崎98キロ」という標識が見えてきた。残りの距離が三桁から二桁になるだけで、どういうわけか気持ちが楽になる。道の起伏も車の往来も少なく、多少道に迷いながらも予定どおりに進むことができた。

高崎で待っていた友人が見た僕の顔は、きっと和らいでいたにちがいない。

◎碓氷峠という難所

二日目の行程は、群馬・高崎から長野・上田までの八〇キロである。走行距離は少ないが、この日は最大の難所である碓氷峠が待ち構えている。群馬県安中市と軽井沢の境にあり、標高は九六〇メートル。地図を見ると、国道18号線はうねうねと波を打ったように県境を横切っている。あらかじめ覚悟していた道ゆえ事前調査もしっかり行っていたが、念には念をと情報収集を行うことにした。

峠の手前の郵便局で訊ねると、制服に身を包んだ男性職員が紙を取り出し、手書きで進むべき方向を示してくれた。

「碓氷峠に行くなら、バイパスよりも旧道を行くほうがいいよ。車が少ないから」

実は、彼とはこのあと何度もすれちがい、スポーツドリンクの差し入れまでしてもらっている。

いよいよ、これからが本番。峠の手前にあるJR横川駅で休憩をとった。ここの名物は、荻野屋の「峠の釜飯」。益子焼の土釜に入った駅弁で、ダシで炊いた白米のうえに、甘く煮たシイタケや鶏肉が並ぶ。ふっと醤油の香りが立ち込め、その場で腰を下ろしたくなったが、食べたい気持ちをぐっとこらえ、先ほどもらったスポーツドリンクで喉を潤した。かなり汗をかいていたらしい。スポーツドリンクは、みるみる身体に吸収されていった。

「さて、行くか」

旧道の上り坂に差し掛かる。最初からかなりの急勾配、ぐっと息を飲む。ギアを軽くし、ゆっくりとハンドルを回す。スピードは時速四キロ、まるで歩くスピードだ。コツコツと前に進むしかない。周りの景色も、まるで止まっているかのように見えてくる。

沿道に咲くツツジが空に向かってピンク色の花を広げている。低木は、ハンドサイクリストにとっては眺めるのにちょうどいい高さである。花を見ていると、息が切れていることも忘れてしまう。

しばらくして、看板が目に入った。そこには、「これより碓氷峠12キロ」と書かれていた。まだ、峠ではなかったのだ。しかも、あと一二キロもある……。

現地に来て、初めて分かることがたくさんある。水平距離を示した地図だけではなく、目的地

碓氷峠（提供：安中市産業部商工観光課）

までの勾配もあらかじめ確認していたほうがよいことは分かっているのだが、現地に行くことに変わりはないので、僕はあえて見ないようにしている。

頭の中で、「半分走れば下るだけだ」と何度も繰り返した。とはいえ、腕に力が入らなくなってくる。気が付くと、腕が痙攣しはじめていた。まったく意識していないのに、二の腕から手首のあたりまでが小刻みに震えを起こしている。なるべく平坦な場所を探し、ハンドバイクから降りた。ぐっーと背筋を伸ばし、肩を回す。もう一度腕の様子を見ると、幸い震えは止まっていた。休みたい！　でも、前に進まなくては……。

ハンドバイクを押して上ることにした。これなら、腕に強い負担をかけなくてすむ。押す、漕ぐ、押す、漕ぐ……。今回の単独走行は予想以上にこたえた。スマートフォンからTwitterにつぶやいた。

「殺す気か！　碓氷峠！」

ハンドルを回し続け、頂上が見えたとき、全身を覆っていた緊張感から解き放たれた。この達成感に勝るものはない。

下りは、勾配とカーブに注意をしながらこまめにブレーキをかけながら進んだ。最後のカーブ「C＝184」、つまり一八四個目のカーブを曲がった所で涙があふれた。そして、二一時、軽井沢の町が静かに僕を迎えてくれた。

「直江津」って、どこだろう

三日目は新潟・妙高までの六六キロ。前日に比べると勾配も少ないので、前進しているのがよく分かる。国道18号を走り続け、長野市に入った。

山間の陽差しはまぶしい。休憩時、屋台で野沢菜入りのおやきを買うと、おまけで温かいくるみ団子をもらった。温かいほうからほおばっていると、足元に影が映った。顔を上げると、目の前に一人の女性が立っていた。

「これ、ハンドバイクですよね。初めて見ました。どこまで行くんですか？　直江津は通りますか？」

足を引きずりながら、女性がさらに近づいてきた。どうやら、下肢に障害があるらしい。

「残念ながら、直江津を通る予定はないんです」

そう答えると、彼女は少し残念そうな表情を浮かべながら、「頑張ってくださいね」と応援してくれた。

ところで、直江津ってどこだろう。地理の苦手な僕は、早速、地図を広げてその場所を確認した。とくに訊ねなかったが、彼女の故郷なのだろうか。それぞれの人に各土地に対する思い出があるように、彼女にもきっと大事な思い出がある場所なのだろう。うっすらと家族や友人のことを思い出しながら、善光寺(22)を横目にゆっくりと坂道を上っていった。

気温が上昇するにつれ、小雨が降ってきた。このあたりは、高低差が原因で霧がよく発生するらしい。気象の変化に注意をしながら、少しずつ坂道を上っていく。

午後六時、妙高高原に到着。ほっとひと息するも、宿探しに奔走した。駅で訊ねても、予約した宿は近くにないという。再度、スマートフォンの地図アプリを起動させ、宿の名称を打ち込むと、一九キロ先の施設に赤いポイントが表示された。まさかと思って宿泊先に電話をかけたが、やはりGPSが示すとおり、宿泊を予定していた宿は一九キロ先の新井という駅の近くであった。再度、妙高高原駅から国道18号に出る。汗が気化熱となり、身体が冷えてきた。東日本大震災による節電からか、国道沿いに見える店舗も照明を落としており、どこも薄暗い。それに加えて下り坂だ。ブレーキをかけながらゆっくりと進んだ。

宿に着いた僕は、ほっとしてベッドに倒れ込んだ。よくあるパターンだ。

---

(22)　〒380-0851　長野県長野市大字長野元善町491－イ。仏教が諸宗派に別れる前に創建されたことから宗派の別なく宿願が可能となっている。「牛に引かれて善光寺参り」という言葉や、「極楽浄土への錠前」に触れる「戒壇巡り」が有名。本尊は、一光三尊阿弥陀如来。

◎初めての寄り道

四日目は、新潟・新井~糸魚川までの六三キロ。スタートしてまもなく、道路標識に「直江津」という文字が現れた。長野駅で会った女性が言っていた地名である。ハンドバイクを路肩に寄せ、地図で直江津の場所を確認してみた。どうやら、現在いる所からはそう遠くはない。どのような街なのか見てみたくて、寄り道を決行することにした。

三〇分ほど走ると、JR直江津駅に到着した。駅舎は立派だったが、駅前はガランとしており、バスとタクシーのロータリーが見えるくらいである。ハンバーガーチェーンはおろか、コンビニすらない。散策しようと思っていたが、散策のしようがない。記念にと、駅の写真をスマートフォンで撮ったが、なぜか、その女性の期待にこたえたような気がした。

左に日本海をのぞむ久比岐自転車道（提供：糸魚川市観光協会）

すぐに、国道8号線を糸魚川へ向けて出発。

走りはじめて二〇分、眼下に日本海が広がってきた。今までは山ばかりだったので、この景色の変化に感激を覚えてしまった。右手に日本海を眺めながら糸魚川へと進む。日本海に沿って、全長約三二キロの久比岐《くびき》自転車道(23)を走り抜けていく。実に爽快！　グングンとスピードが上がっていく。

道がよかったせいか、一六時には糸魚川に到着した。居酒屋でいただいた白身の刺し身、格別だった。

金沢へのゴール

五日目は、糸魚川から富山へ向かって走ることになる。前日に洗濯をしたこともあって、洗剤の香りがふと鼻孔をくすぐる。

国道8号線から臨む日本海は深い緑色に見えた。想像どおり波は荒い。水しぶきの音を聞くと、

(23)　上越市虫生岩戸《むじゅう》から糸魚川中宿までの、自転車と歩行者の専用道路。かつて、この道を北陸本線を往き来するSLが走っていた。トンネルや橋の一部には当時のままのレンガが残っており、昔の面影を感じながら走ることができる。

ああ日本海に来たのだとしみじみ思ってしまう。

さて、国道8号線のほうだが、こちらも日本海に負けず劣らず穏やかではなく、曲がりくねった海岸線の道であった。アップダウンが激しいうえに短いトンネルがいくつもあり、目が慣れることがない。トンネルに入るたびに残像が目にやきつく。怖いのはトラックだ。国道がゆえに大型車が多いので、なるべく左に寄ってトラックとの距離をとりつつ走った。

しばらく行くと、富山県の看板を発見した。あと二県、気付いたときにはすでに富山県に入っていた。見たことのあるチェーン店が目に飛び込んでくると、なんだかほっとする。ありがたいことに、金沢ではNPO法人「STAND」の伊藤数子さんが迎えに来てくれることになっている。いつも母のように僕を見守ってくれている伊藤さん、僕の走りをサポートしてくれている一人である。

ゴール地点ではテレビ局も取材に来てくれるらしい。人が待っているのだから遅れるわけにはいかない。こまめに地図をチェックして、逆算しながら走ることにした。

地図に目を落としていると、自転車に乗っている男性が声をかけてきた。

「どこまでいくん?」

「こんにちは、金沢までです」

「道、分からんの？　金沢までやったら、道のり長いから、少しでも近道できるように、走りやすい道を教えるよ。ついておいで」

東京を走っているときは、声をかけられるということが少ない。たしかに、珍しい乗り物に乗っているので視線を感じることは多いが、それだけである。しかし、地方に行くと人と人の距離感が違うのだろう、よく声をかけられる。この男性を頼りに、後に続くことにした。

おかげさまで、一四時にはゴールの手前二キロという所まで来た。これだと、予定より一時間も早く到着してしまう。少しコンビニで時間をつぶして、一四時四五分、ＪＲ金沢駅を目指して再出発した。

伊藤さんをはじめとして、メディアの人々を含めて三〇名ほどが出迎えてくれた。五〇〇キロを無事に完走。単独での日本横断を成功させたことで、日本縦断もかなり具体性を帯びてきた。

手こぎ自転車で東京 500キロ 金沢

障害男性が完走「日本海きれい」

ゴールし祝福を受ける永野さん（中央）＝6日午後、石川県庁前で

両脚に障害がありながら、手こぎ自転車で東京―金沢間の完走を目指した永野明さん(32)＝福岡県出身＝が六日夕、金沢市の県庁前に到着した。協力者らの祝福を受け、永野さんは「温かい出迎えがうれしい」とほおを緩めた。

永野さんは一歳半のときに脳性まひを発症。両脚が不自由になったが、障害者プロレスなどで活躍してきた。二〇〇五年、テレビで手こぎ自転車の存在を知り、「自分も自転車で、知らない土地に行きたい」と挑戦。〇八年に東京―福岡間（千二百キロ）、一〇年には九州一周（千キロ）などを完走してきた。

「バリアフリーの環境整備などを訴える」ことを目的に、今回初めて単独で金沢までの五百キロに挑んだ。

一日に日本橋を出発し、上信越を経由して五日に富山県入り。この日は、国道8号の上り下りに苦しみつつ、ゴールまでの六十キロを走った。

会場で、支援してきたＮＰＯ法人ＳＴＡＮＤら十人からの「アキラ」コールを受け、ゴールテープを切った永野さん。花束を受け取ると「途中で日本海を通った。想像と違って緑色の海もあり、きれいだった」とほほ笑み、金沢までの旅程を楽しんだ様子だった。

次の挑戦は九月、北海道から鹿児島までの三千五百キロを走破する予定。岩手や宮城、福島など被災した県も通るため「自分が頑張ることで、被災地の方たちにも頑張ってもらえれば」と力を込めた。

（中村文人）

北陸中日新聞　2011年5月7日付

TE－DEマラソン　日本縦断三二〇〇キロへのチャレンジ

日本縦断の準備

金沢にゴールしてから四か月後、いよいよ北海道・宗谷岬から鹿児島・佐多岬までの走行にチャレンジすることにした。

実は、この年の九月一五日に僕は、約一一年間勤めた印刷会社を退職した。もちろん、TE－DEマラソンに集中するためである。退職金はすべてTE－DEマラソンに充てることにし、住まいも福岡・小倉に移すことにした。そして、現在お世話になっている学校法人国際学園（当時・メディカルネットトサービス）（一三六ページ参照）に再就職をし、プロのハンドサイクリストとして旅の体験や

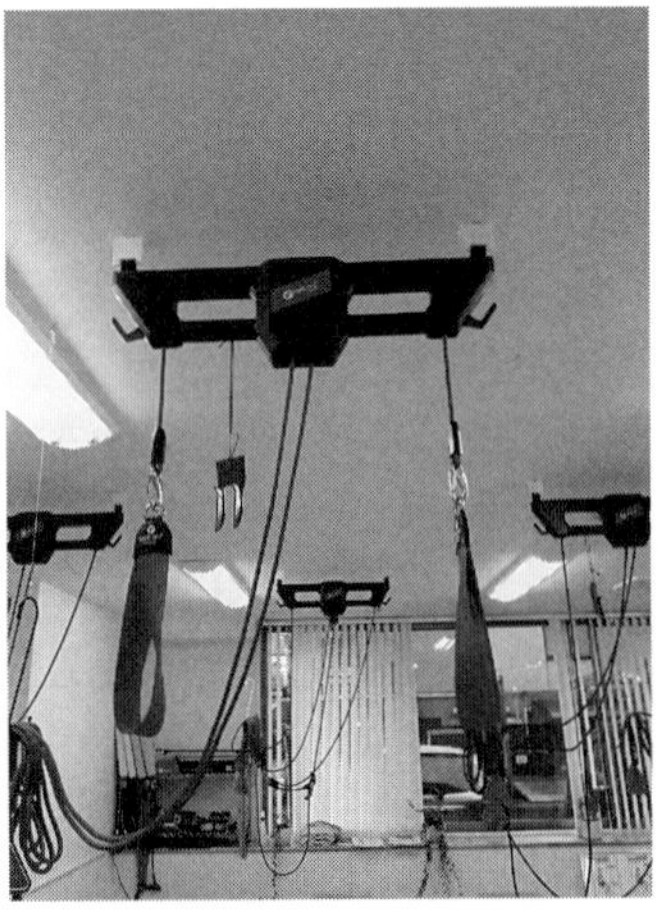

レッドコードでトレーニング

ハンドサイクルの楽しさなどを伝えていくことにした。

今回の日本縦断にもスタッフは同行せず、最初から最後まで単独走行となる。そのため、これまで以上に筋トレを行い、上腕の筋力アップを図った。この筋トレでは、小倉の自宅近くにあるリハビリ施設に設置されているレッドコードを借りて、北欧式のトレーニングを新しく導入した。天井から二本のロープが吊されており、そのロープを左右の腕を使って交互に引っ張ることで上腕を鍛えていった。

小倉に引っ越しをする前に、ハンドバイクを出発地点となる北海道・稚内に送っている。一か月以上に及ぶ走行となるため、さすがに準備する荷物が多くなる。そのため、ハンドバイクだけ先に送ることにしたのだ。

埼玉県にある「コーワ株式会社」(24)までハンドバイクで行き、

---

(24)　段ボールメーカー。〒340－0832　埼玉県八潮市柳之宮45　TEL：048－928－1001

障害者プロレス団体代表・永野さん

手こぎ自転車で日本縦断

来月末にも佐多岬到着

被災者と交流計画

公共施設のバリアフリー化や、両手でペダルをこぐ自転車「ハンドサイクル」の普及を訴えようと東京の障害者プロレス団体代表永野明さん(36)＝写真＝が9月下旬からハンドサイクルで日本列島を縦断する。北海道の宗谷岬から佐多岬までの約3500㌔を走り、東日本大震災の被災地を通過する際には被災者と交流する計画だ。

ハンドサイクルは足の不自由な人も利用でき、パラリンピックの種目にも長距離のタイムレースがある。通常の車いすよりも段差をスムーズに通過でき、市街地の走行にも適しているという。

脳性まひで足が不自由な永野さんは2005年にハンドサイクルに乗り始め、これまでに東京―福岡間や広島―長崎間を走破し、16年のリオデジャネイロパラリンピックを目指してトレーニング中。5月には東京―金沢間で本州を横断した。

今回の日本縦断は、宗谷岬（北海道稚内市）を9月25日に出発し、佐多岬（南大隅町）に10月30日の到着を目指す。ルートは2月に計画したため、東日本大震災の被災地も含まれているが、あえて大きな計画変更はせず、被災地に立ち寄って被災者と交流することにした。

永野さんは「4月には宮城県石巻市の避難所で知り合いの元プロ野球選手らと炊き出しをした。もう一度、被災地に入り、自転車や私の腕などを見てもらい、復興への力にしてもらえれば」と話している。

永野明さんの走行ルート

南日本新聞（朝刊、共同通信配信）2011年9月5日付

そこで特注のボックス「ＢＴＢ（Bicycle Transportation Box）」に収めてもらって南稚内まで空輸してもらった。コーワ株式会社は、東京－福岡間の走行で中継してくれたＮＰＯ法人「STAND」を通じて知り合った会社で、ハンドバイクが梱包できる専用のＢＯＸを製作してもらっている。「僕の専用」というのが、うれしい！

そして、引っ越しを終え、九月二三日、日本横断のときと同じく着替えやテーピングなどをバッグに入れ、実家のある福岡で最終準備を整えたあと旭川空港に飛んだ。ＪＲ北海道の「スーパー宗谷」で南稚内駅に向かう途中、車窓にはだだっ広い平野が続いていた。到着したのは午後一二時四六分、福岡から六時間ほどかかったことになる。

永野専用のBOXに入れられたハンドバイク

この日に宿泊することになっているホテルでハンドバイクを受け取り、梱包を解いて午後三時、日本最北端の宗谷岬に向かうことにした。初めての北海道の感触を確かめるためであるが、明日からはじめるTE－DEマラソンの出発に備えて、予行演習がてら宗谷岬までの往復六〇キロを走ることにした。

このとき、「これから出発します」という短い文章のハガキを、これまでにお世話になった人たちに投函している。三二〇〇キロに及ぶ単独走行、やはり心細さなるものがあったのかもしれない。改めて知らせることで孤独感を紛らわせたのではないかと、今は思っている。そして、これまでに僕の講演会などでお付き合いのあった桜花学園大学保育科の学生のみなさんからいただいたメッセージや、ＦＡＸで寄せられた応援メッセージを読み返した。是非とも、みなさんの応援にこたえたい！　その一念である。

宗谷岬に到着し、日本最北端のモニュメントの前で写真撮影。ここから、四〇キロ先の樺太が見えるというが、この日はモヤがかかっていて見えなかった。

一五時すぎ、ここからプレスタート。腕を上下に振りかぶった。今来た道をすぐに戻るというのは初めての経験である。

北海道の冷たい風が頬にあたる。見わたすかぎり、人間は僕一人。稚内市宗谷村の富磯《とみいそ》のあたりには、風力発電の風車が建ち並んでいた。

日本最北端到着証明書

小高くなったモスグリーンの丘に、十数基の白い風車がクルクルと風を仰いでいる。

車の代わりに、野生のエゾシカとすれ違った。それにしても北海道の道路は広い。トラックとの接近というような恐怖はなかったが、サルやエゾシカにいつ襲われるのかというドキドキ感のもと一八時すぎに南稚内のホテルに戻り、食事をとったあとに就寝することにしたが、興奮しているのか、なかなか寝付けなかった。

今回の日本縦断のときも、これまでのTE－DEマラソンの反省をふまえて正確な距離を計算するとともに、現地の情報を可能なかぎり入手した。何よりも、うしろからライトを照らしてくれる伴走者がいないため、暗くなる前に宿泊地に着かなければならない。あとは、ただただ起きて、走って、止まって、寝て……の繰り返しとなる。

北海道はでっかいどう

いよいよ初日、いつものようなカウントダウンはない。一人でつぶやくように「10・9・8……3・2・1・スタート」と言って、南稚内から羽幌に向けて出発した。

たいていの場合、朝ごはんは最初に見つけたコンビニでおにぎりやパンを買うことが多い。この日も同じようにコンビニを探した。時間は朝の七時ごろ、ようやく見つけた地元のコンビニ

「セイコーマート」の入り口に立つが、自動ドアが開かない。ガラス戸越しに中をのぞいてみたが、まだ暗い。目を細めてみたが、店員の姿もない。よく見ると、ドアには「朝八時オープン」と書かれてあった。

九月下旬の北海道、もうすでに早朝は底冷えをしている。温かい紅茶を飲んで身体を暖めたいので次のコンビニを探すが、道路の両脇には畑や草地が広がるばかりである。さっきのコンビニから一六キロも離れた所で、ようやく自動販売機を見つけた。グーッと、お腹が鳴ってきた。「何か食べたい」、そんな気持ちを原動力にするしかない。

国道232号、「オロロンライン」(25)と呼ばれている道を南下していくと、右手に日

広い大地に向かって「いただきます」

本海、左手には山や野原が続く。果てしなく真っすぐ、景色がまったく変わらないため、どれだけ進んでいるのかという手応えが得にくい。

単調な走行を続けていくと、久々に「文字」を見つけた。どうやら、「利尻礼文サロベツ国立公園[26]」の中に入ったらしい。右手には、日本海に浮かぶ利尻島が見える。

出発から六六キロを走り、ようやくコンビニを見つけた。おにぎりを手に取り、この日初めての食事にありついた。広大な大地に向かって、「いただきます！」と叫んだ。

◎バイカーとの走行

長万部から国道5号を函館に向かう。左手には噴火湾（内浦湾）、先には駒ヶ岳（一一三一メートル）がそびえている。もうすぐ北海道を離れることになる、と考えていたとき、後方が妙に賑やかになってきた。うしろに目をやると、四台のバイクが連なっていた。少し速度を落としながら、僕の走行にあわせて走りだした。

先頭から順に、「グッド！　がんばれよ」という意思表示で親指を僕に向けてくる。ハンドルを離すことができない僕は同じように親指を立てることはできなかったが、彼ら一人ひとりに会釈を返した。単独走行には、本当にありがたい出会いがときどき待ち受けている。

ちなみに、長万部と札幌では、NPO法人「STAND」の元スタッフで、結婚を機に北海道に移り住んだ二人にも会っている。坪坂由美さんと小畑良介さんには、最初のTE－DEマラソンで東京－福岡を縦断した際に中継のサポートをしていただいた。最初は「仕事」というきっかけで出会った二人だが、こうして今でも個人的に応援してくれるのは本当にありがたい！　縁というものに、僕は生かされているような気がしてならない。

南部に位置する八雲町に入り、函館本線のJR落部駅近くを走っていると、「セブンイレブン」を見つけた。セイコーマートが多い北海道でセブンイレブンは珍しい。ここで、青森行きのフェリーに乗るためのお金を下ろすことにした。それにしても、本当に便利なサービスである。かつては郵便局がその役目を担っていたのだろうが、最近、とくに地方においてはその郵便局が少なくなっている。

駐車場にハンドバイクを止めて入り口に近づくと、雑誌コーナーから僕に向かってだろう、ブ

---

(25)　石狩市から天塩町までの国道231号と232号のこと。広義には、国道337号、国道5号、道々106号を含め、山肌と海の間を進むと留萌市で接続する。

(26)　日本最北の国立公園。一九五〇年に利尻・礼文地区が北海道立自然公園に指定されたが、一九七四年、新たにサロベツ原野を含めて利尻礼文サロベツ国立公園として指定された。公園区域は二万四一六六ヘクタール、稚内市、天塩郡豊富町および同幌延町、礼文郡礼文町、利尻郡利尻富士町、同利尻町の一市五町にまたがっている。

ンブンと手を振る人たちがいる。彼らは外に出てきて、北海道弁で興奮気味に話し掛けてきた。

「こりゃ、すげえ乗り物だな。なんて乗り物だ？」

「どうやって動かすんだ？」

「俺らさ、さっき走ってんの見たんだ」

「どこから来たんだ？　つーか、どこへ行くんだ？」

回答する間もなく、彼らは矢継ぎ早に質問を投げ掛けてきた。スタートから五日目、久々に人と話す機会に恵まれて、僕もうれしさを隠すことができなかった。

「乗ってみますか？」と、思わず言ってしまった。

ハンドルの握り方を教えると、彼らは交互に乗り込み、駐車場で八の字を描きはじめた。

「こりゃ、マジですげえ！　こんなのあんだな。いやぁ、よかった！　で、どこ行くの？」

「今日は函館までで、鹿児島の端っこまで行くんだ」

「!!」

鹿児島の端まで行くことを伝えると、彼らは少々あきれ顔で、僕の肩や腕に触れて「頑張れ」を繰り返し、「しかし、熱いオトコだな！　火の玉ボーイと名付けるよ」と鼓舞してくれた。そして別れ際、彼らとmixiのＩＤを交換すると、それから毎日のように「がんばれよ！」とエールが送られてきた。

◎半年ぶりの石巻

本州に入ると宮城・石巻を目指し、半年前に出会った佐々木さんという人を訪ねることにした。まだまだ破壊された家屋の瓦礫や壁が道を塞いでいる石巻。しかし、震災から半年を経過した九月に復旧したばかりというセブンイレブンがあった。看板に灯りはついていなかったが、お客さんであふれかえっていた。道路が少しずつ復旧し、ようやく物資が石巻に届きはじめたことが分かる。言うまでもなく、北海道にコンビニが少ないというのとは事情がまったく違う。

僕は弁当を購入し、「みなと応援村」という震災ボランティアセンターに向かった。今晩は、ここに泊めてもらうことになっている。

「みなと応援村」とは、ボランティア推進機関「ボランティアステーション」を立ち上げたタクシー会社経営の千田

瓦礫が残る石巻

裕さんによって結成されたグループのことである。自らを「よそもの・わかもの・ばかもの」と称し、石巻に寄り添ってきた人である。

そもそも千田さんがボランティアステーションを立ち上げたのは、それまでかかわってきたボランティアセンターが地元の社会福祉協議会に組織統合されたからである。市民自治をなくしたボランティアセンターの原因として、「自立（自律）していない市民」があるのではないかと考え、市民として社会とかかわる形態を模索し続けてきた。

そして、この組織は石巻に根を張ることとなった。二〇一三年六月をもって二年三か月の活動は幕を閉じたが、スタッフの一人である工藤和也さんは、この石巻で復興支援関係の会社に就職し、石巻市民としてのスタートを切っている。まだまだ仮設住宅が立ち並び、課題は山積みとなったままだが、こうした「よそもの・わかもの・ばかもの」がこの地に新たなエネルギーを投入していることは本当に力強い。僕も、そうした「よそもの・わかもの・ばかもの」になり得ているだろうか。

翌朝、半年ぶりに佐々木さんに再会した。四月に避難所を訪問した際にお世話になった人である。駅前の変化やがれき撤去の様子を聞くと、ＪＲ石巻駅前の信号は九月末に復旧したばかりだと言う。仙台と石巻を結ぶ仙石線は、このときはまだ復旧の目処すらたっていなかった。その代わりに、定員四八名のバスが三〇分に一本の間隔で運行していた。

「いつまでも被災者じゃない」と言う佐々木さんの言葉に僕は無言でうなずき、組んだその手を握り返した。

◎福島県の国道4号を南下しながら考えたこと

宮城から福島を抜けて関東に向かうルートは、大きく二つある。一つは、「中通り」と言われる福島市や菊まつりで有名な二本松市を通り、東京まで直線で進む国道4号。もう一つは、海岸沿いの国道6号である。僕は最短距離で道路を選定していたため、必然的に国道4号を選んで通過したが、このときも今も、国道6号は双葉、大熊、富岡の三町一四キロにわたって通行が規制されている。

しかし、二〇一四年六月二八日付の〈福島民報〉に朗報が掲載された。石原伸晃環境相が、六月一日の閣議後の会見で、六月中にもこの区間の除染作業をはじめることを明らかにしたのだ。夏に除染が終わって規制区間がなくなると、いわき市から新地町までの全一六三キロが通行可能となるので、福島の復興・復旧が進むことはまちがいない。今後の地域再生に期待したいところである。

この日は宮城から栃木まで、ほとんどどこにも立ち寄ることがなかったので、街の様子を詳しくは観察していない。しかしながら、日常を少しずつ取り戻しはじめた福島市や郡山市でも、死傷者が発生したという事実は残っている。その土地に残された傷は、簡単に癒えることはない。

歩道に目をやると、地中から路上に突き出したマンホールが惨状を物語る。そんな風景のなか、「がんばろう、東北」と書かれた幟《のぼり》が風にたなびいていた。営業を再開しはじめた店舗の脇で、こうした幟をよく見かけた。その一方で、シーンと人影のない住宅地が「沈黙」という言葉で僕に語り掛けてくる。家主は働きに出ているのだろうか。それとも、どこかに移住してしまったのだろうか。子どもたちは、どこで過ごしているのだろうか――そんなことばかりが頭をかすめる。

走っているときはただただ前進するばかりだったが、のちの時代を形成するであろう子どもたちに何かできることはないか……そんな宿題を与えられたように今は思っている。

日本縦断を終えてからのことだが、知人のアスリートたちにそんな話をしたところ、同じことを感じている人が多く存在していることを知った。IBMのラグビー部に所属する友人の西山淳哉さんは、寄付を募りながら石巻のラグビーチーム「ライノススクール」の子どもたちにラグビーを教え続けている。また、宮城県に球団を構える楽天イーグルスは、相馬市に屋内ドームを建設しようと「TOHOKU SMILE」というプロジェクトを立ち上げ、募金を集めている。海外でも、ワールドカップのアルゼンチン代表であるメッシとバルセロナ市が、岩手県沿岸部を中心としたサッカーチームに所属する子どもたち三五人をスペインに招待したと聞いている。

本書の執筆を進めている時点で、東日本大震災で発生した災害廃棄物の推計量は、独立行政法人国立環境研究所によると東北三県で一六〇〇万トンに上るという。また、津波堆積物も一〇〇〇万トンあると推計されている。

インターネットで検索すると、田んぼの跡地に黒いポリ袋が何十にも積み重ねられ、巨大な壁を構築していた。黒々と佇むゴミの山は、目に見えない毒素を放っていることだろう。この負の遺産を、いったいどこに埋め立てるのか。候補地となった市町村との協議は、平行線をたどったままである。いずれにしても、どこかの子どもたちがさまざまな枷をはき、外で遊ぶということも制約されている。

そうした現状のなかで、僕には何ができるのだろうか。大きな変革は成し遂げられないかもしれない。けれども、身近な子どもたちの可能性を一ミリでも広げられるお手伝いをしたい、そう決心を固めている。

◎集中豪雨

今回のチャレンジは一か月あまりに及ぶことから、全行程にわたる詳細な予定をあらかじめ組まず、一週間単位で宿泊先を予約することにしていた。出発から一一日が経過し、予定どおりに進んでいたが、この日にかぎっては宿泊先を急きょ変更するしかなかった。

栃木県に入って、思いもかけない集中豪雨に出くわしてしまった。帽子を被り、トレーニングウェアを二枚重ねた。体温低下や道路に注意しながら、少しずつスピードを落としていく。次第に雨がウェアに染み込み、身体が冷えはじめてきた。水しぶきが靴の中に入ってくる。鉛のように重いとは、このことを言うのだろう。焦りからか、落としたはずのスピードが上がっている。そして、身体がガクガクと音を立てて震えはじめた。

一五時、ＪＲ宇都宮駅に到着した。駅の構内で、その日初めての食事をとった。温かいスープ餃子を口に運ぶと、食道や胃が少しびっくりしたようだ。それに、ちょっと食べすぎたようで睡魔が襲ってきた。予定していた小山までの走行を諦め、この夜は宇都宮に泊まることにした。

宮沢賢治のようにはいかず、雨に負けてしまった！

◎本栖湖ファンドレイジングマラソンに参加

富士山の麓に位置する湖、本栖湖。ご存じのとおり「富士五湖」の一つである。出発から一五日目を迎えたこの日は、「本栖湖ファンドレイジングマラソン（MOTOSUKO FUNDRASING MARATHON）」(27)に参加することにした。長谷川理恵さんといった女優やモデルさんなどととも

表3　本栖湖ファンドレイジングマラソン・オフィシャルファンドレイザー

・長谷川理恵（モデル）	・本田泰人（元サッカー日本代表）
・森　理世（ミスユニバーサル2007）	・村尾隆介（ビジネス書作家）
・加藤理恵（女優・モデル）	・秋沢淳子（TBSアナウンサー）
・桂　亜沙美（女優）	・KONISHIKI（元大関）
・大原理恵（モデル）	・INSPi（アカペラバンド）
・トムセン陽子（MC・DJ）	・新野正仁（北京パラリンピック日本代表）
・佐藤大吾（ジャストギビングジャパン代表理事）	・永野　明（プロハンドバイクリスト）

＊順不同、敬称略。

参加者達と記念撮影

に、オフィシャルファンドレイザーとして参加させていただいた。

ファンドレイジングとは、非営利団体のために個人が寄附を集める取り組みのことである。とくに、インターネットで寄附を集める仕組みを「クラウドファンディング」と言い、本栖湖ファンドレイジングマラソンを企画した「ジャスト・ギビング・ジャパン」[27]のサイト「justgiving.jp」によると、一〇〇〇を超す団体が累計一一億円もの寄付を集め、活動を展開しているという。

ちなみに、『寄付白書』(日本ファンドレイジング協会編)によると、二〇〇九年のアメリカでの寄付推定総額は二九〇八億ドル(約二三兆円・当時)に達していたのに対して、日本では一兆円程度だったという。アメリカと比較したとき、その規模はまだまだ小さいものかもしれないが、阪神・淡路大震災や東日本大震災を経て寄付という行為が一般に普及しつつあるのは確かである。生きたお金の使い方が見直されている、ということかもしれない。

このマラソンイベントで一二キロを走行すると、参加費の一部が震災復興支援に充てられる。ファンドレイジングのそうした理念に賛同した数百人のランナーが、本栖湖を周回した。

カラフルなウェアやふんどし姿など、それぞれが思い思いの格好で楽しみながら走る。しかし、アップダウンの厳しいコースのため、ランナーの表情には次第に硬直感が現れはじめた。唯一ハンドバイクで走っている僕は先頭集団につき、折り返し地点からはスピードを落として、すれ違うランナーとハイタッチ！　手を差し出すと、みんなが少し和らいだ表情で手のひらを重ねあわせていった。

「頑張って！　もう半分来ていますよ。タッチ！」

TE－DEマラソンの大事なキーワードとして「ふれあい」というものがある。この日のイベントで、それを参加者のみなさんと共有できたことをうれしく思っている。被災地で闘う遠くの誰かのため、そしていっしょに走るランナー同士が互いを思いながら走行する姿がそこにあった。

実は、このイベントには、これまでのTE－DEマラソンで僕をサポートしてくれてきた畠中君も参加していた。イベント終了後、久しぶりに二人でいっしょに走ることにした。国道139号で富士市までの四〇キロの道を進み、この日のゴールとした。

稚内を出発してからすでに二週間がすぎている。やはり、精神的に追い詰められていたのかもしれない。畠中君や多くの人とともに走ったこの日は、本当に伸び伸びと走れたし、精神的にもかなり楽になった。改めて、人の力の素晴らしさを実感した。

---

(27)　一般財団法人ジャスト・ギビング・ジャパン（東京都千代田区麹2－6－10麹町フラッツ2F）が二〇一一年に開催したマラソン大会。走者が寄附を集める人（ファンドレイザー）となり、自ら選んだ支援先に家族や友人から寄附を集めてくる。

◎大学でハンドバイク体験会

富士市から磐田市、愛知知立、名古屋へと向かい、四日後の一〇月一二日、二〇〇八年に行ったTE－DEマラソン（東京－福岡）のときに名古屋の歩道橋から応援してくれた嶋守さやか先生を、勤務先である桜花学園大学に訪ねた。

桜花学園大学は愛知県豊明市にあるのだが、すぐ近くに桶狭間の戦いの古戦場跡があるほか、有松・鳴海絞りで有名な有松町が大学のすぐ北を走る旧東海道沿いに広がるという、歴史的にも趣のある所である。そんな環境の下、保育士や幼稚園教諭を育成していることなどで有名な四年制の女子大学である。

ここで、嶋守先生の企画のもと「ハンドバイク体験会」を実施した。先にも述べたように、僕はこれまでに、ここの大学で講演会などをする機会があった。だから、学生さんたちに会うのは久しぶりとなる。

学生さんたちは「キャッキャッ」と最高テンションでハンドバイクに乗り、僕とは違ってか細い腕を前後に動かしながら力強く走っていた。ママチャリとの競争などをして盛り上がった試乗会、なんと言っても「楽しい！」という体験をしてもらったことがうれしい。

このとき、石黒宣俊学長にも試乗してもらっている。学長にまで試乗してもらっていいのか……と申し訳ない気持ちになったが、後日、大学の公式サイトを見て納得した。そこには、以下のような学長のメッセージが掲載されていた。

「なぜ、学ぶのか？　なぜ働くのか？　つねにこの基本的な問いを確認しつつ、自ら学ぶことの喜びを体験して欲しいと願っています。また、大学は知識や技術を身につけるだけの場ではありません。クラブ活動や名桜祭など、キャンパスでのさまざまな活動のなかで、よき師、よき友と出会い、大学生活をより豊かにし、たくさんの思い出をつくってください」（桜花学園大学のホームページより）

ハンドバイクという乗り物やその魅力を大学という空間で伝えられたこと、そしてその機会を与えてくれた嶋守さやか先生に感謝である。

この章の冒頭にも記したが、今回のTE－DEマラソンの

桜花学園大学で（出典：〈月刊リハビリテーション〉2012年1月号）

スタート前に、桜花学園大学の学生さんからは励ましのメッセージをもらっていた。そのなかに、忘れることのできない内容のものがあった。消化器官に持病があり、食事制限を強いられているという彼女は、知人に「本当にかわいそうな人間だ」と言われたという。涙が止まらなかったそうだ。

そんな彼女が、僕という人間を知ったことで、自らを責めたり、悲しむことがなくなったそうだ。そのことを、彼女は丁寧に記してくれていた。

「できないことは誰にでもある。できないなりに、できることを探そうと思えるようになりました。健康なときより、チャレンジできるということに喜びも倍増です」

ハッとした。僕の原動力も、そのチャレンジを喜んでいることにあるのかもしれない。

◎日本縦断を達成するために四国へ

名古屋から三重・四日市、滋賀・大津、兵庫・三宮へと走り、二二日目に三宮から明石までを走破し、「明石淡路フェリー」に乗り込んで淡路島（岩屋港）を経由して四国に進む予定にしていた。しかし、通称「たこフェリー」とも呼ばれていたこのフェリーはすでに運行を中止していた。そのため、三宮から神戸港に向かい、「うどん県」と呼ばれている香川県の高松港まで「ジャンボフェリー」(28)で進むことにした。ジャンボフェリーの公式サイトを見ると、香川県のことを堂々と「うどん県」と明記している。なんとも、愛らしい。

最初のTE－DEマラソンでは四国を走っていなかったので、今度こそはと思い、船に乗り込んだ。船旅は四時間三〇分。展望デッキから見わたす瀬戸内海は、とにかく広い！　明石海峡大橋の下を通過するときには、その迫力に思わず肩をすくめてしまった。

高松港で下船すると周りは薄暗く、陽が落ちかけていた。港から三〇キロほどを走って丸亀に向かい、今日の宿とした。初上陸の四国を本格的に堪能するのは明日からとなる。

---

(28)　三宮－高松港は、大人片道一九九〇円（二〇一四年八月現在）となっている。本社は、兵庫県神戸市中央区新港町3－7（ポートターミナルとメリケンパークに囲まれた第三突堤）。一九九五年の阪神・淡路大震災のときには、被災者に船内の浴室を無料開放し、「お風呂シップ」として喜ばれた。また、東日本大震災の際には石巻市に社員を派遣するほか、支援物資として三六〇〇食をバスで運んでいる。

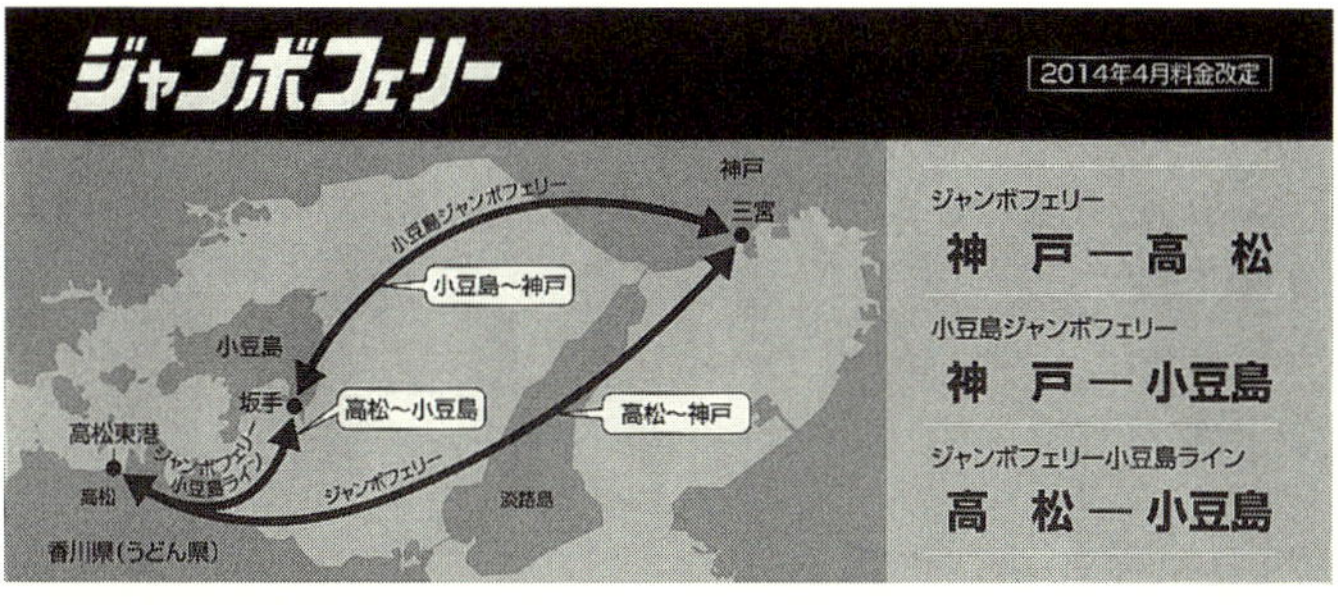

翌日、丸亀から愛媛・今治へと一一二・五キロの道のりを走った。いよいよ明日は、今回最大のイベントを迎えることになる。瀬戸内海横断自転車道、通称「瀬戸内しまなみ海道㉙」を自転車で渡るのだ。

朝早く出て、数キロ走ると「しまなみ海道右へ」という看板を発見したので、それに従って進むと高速道路の入り口。でも、ほかに看板がない。とりあえず、料金所で訊ねることにした。

「すみません、しまなみ海道を渡って尾道に行きたいんですけど……」

道をまちがったかな……と不安を抱えながらも、なんとか行けるという返答を待った。しかし、結果は……。

「たまにいるんだよねぇ。この坂を上ってくる人が」

料金所の職員は、いかにも慣れたような口ぶりで話を続けた。

「さっき、モニターで見ていたけどねぇ。まず、この坂を下って、右に曲がって二キロくらい行ったら看板が見えてくるから。しまなみ海道は坂道が多いから、気を付けて！」

言われたとおり、日本で初めてとなる、海峡を横断する「瀬戸内海横断自転車道」の入り口に向かった。その看板には、自転車のイラストが描かれていた。多くのサイクリストが、橋上から見える風光明媚な景色を楽しんでいることがうかがえる。

自転車道の入り口からループ状の道を一周半回って、最初の橋である来島海峡大橋へ向かう。料金箱に通行料の五一〇円（当時）を入れて橋を渡る。この料金の内訳は、来島海峡大橋や伯方・大島大橋などに細かく分かれていて、尾道大橋だけを渡る場合は一〇円だという。来島海峡大橋〜伯方・大島大橋〜大三島橋〜多々羅大橋〜生口橋〜因島大橋〜尾道大橋と橋が連続するわけだが、それぞれの島にはレンタサイクルのターミナルもあり、その場でサイクリングが楽しめるようになっている。

大島から伯方島に渡るとき、四人組の女性と並走した。「ママ友」である彼女たちは、海賊衆村上水軍の本拠地の一つでもあった来島《くるしま》に遊びに来ているという。「早く戻って、夕ご飯をつくらなきゃ」と時間を気にしながらも、レ

(29)　全線開通は二〇〇六年。全長五九・四キロの、愛媛・今治と広島・尾道を結ぶ橋で、歩行者と自転車のための道路が併設されている。

来島海峡大橋の自転車道の入り口

ンタサイクルでつかの間のアウトドアを楽しんでいた。

大三島でも一期一会。

地元の主婦二人に会い、車道脇に生えているアケビをもらった。初めて食べるアケビは、喉が涸れてしまうくらい甘い。偶然そこに居合わせた大学生と、思わず顔を見合わせて笑ってしまった。この大学生の彼は、先を急ぐらしく、食べ終えると颯爽と自転車に乗っていってしまった。僕も、ごちそうしてもらった女性たちに深々とお辞儀をして、再び尾道を目指して走りだした。

五つ目となる橋、生口橋に差し掛かるあたりでさっきの大学生に再び会った。彼の名前は「アツシ」、大阪の大学院生で情報工学を研究しているという。僕が「北海道から走ってきた」と伝えると、にっこりと笑いながら「旅の先輩ですね」と言って目尻を下げた。

この出会いがあったおかげで、とても賑やかな旅となった。途中、アツシ君のタイヤに空気を入れたり、おしゃべりをしたり、越したり越されたりしながら尾道に渡る手前の橋まで来た。

尾道大橋と新尾道大橋は自転車で渡ることができない。そのため、「尾道はこちら」という看板を頼りに道を進んだところ、眼下に広がったのは川幅五〇メートルほどの川。しかし、そこには橋が架かっていない！

「尾道に行きたいんですが、向こう岸に渡るにはどうしたらいいですか？」

近くを通りがかった男性に訊ねた。

「あと五分くらいしたらフェリーが来るから、それで尾道に行ったらええよ」

事情が分からず、男性の言葉を信じてフェリーを待った。すると、向こう岸から船がやって来たのだが、唖然とした。正確に言うと、渡し船といったところだ。しかし、その船上にはタクシーも乗っている。観光用ではなく、日常的に使われている船という。その渡し船に乗り込んで、わずか二分足らずの船旅を楽しんだ。

中国地方に上陸！　初めて訪れる尾道は、のどかな感じがして、なんとも不思議な所だった。「今日のお礼に」と、アッシ君に尾道ラーメンをごちそうし、ＪＲ尾道駅で別れたあと、予約してあったホテルに向かった。

明日は広島、まだまだ鹿児島は遠い。

渡し船のようなフェリー（提供：尾道観光協会）

◎いよいよ後半、身体のケアはバッチリ

広島から山口に続く道は、「東京−福岡間」でも「ピースラン」でも走っており、慣れた道である。とはいえ、明らかに疲労が溜まってきているのを感じる。腕が上がりづらくなっている。

山口・徳山に着いて、幼なじみの施術を受けて身体の回復を図り、翌日、小倉で「九州医療スポーツ専門学校」において人生初めての本格的な鍼治療を全身に受けた。まずは肩周りをアイシングしてから整体マッサージを受け、最後に鍼治療を行う。身体に刺された鍼に微弱電流を流す「パルス治療」を受けると痛みが軽くなっていった。このおかげであろう、この日の夜は熟睡することができた。

翌日は、丸一日休養にあてた。昨日受けた鍼治療のためではなく、もともと予定していたことである。そして次の日、福岡から佐賀・熊本を経由して鹿児島へ入ることにした。実は、予定では福岡から時計回りに進んで大分を経由するつもりだったが、恥ず

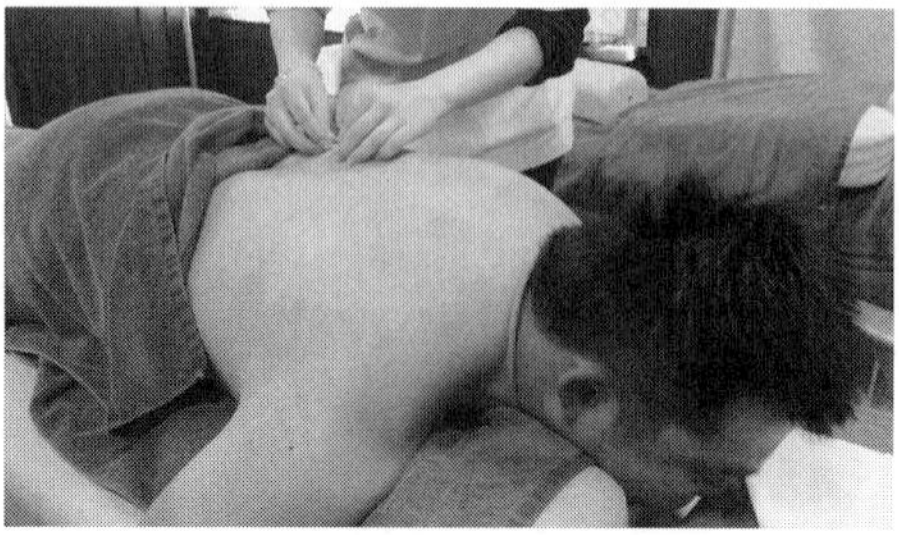

鍼治療を受ける永野

かしい話、道をまちがえたために急きょルートを変更したのだ。

小倉からの出発時点で、疲れのせいか「中津《なかつ》」と「中間《なかま》」を勘違いしたまま、反対方向にハンドバイクを走らせてしまった。中津は小倉から南東方向に約五〇キロ、一方中間は南西方向に二〇キロとまったくもって離れている。心の中で反省しつつ時計と反対回りに進み、「九州一周」のときと同じようなルートで鹿児島に入ることにした。

久留米、八代《やつしろ》、川内《せんだい》と三日かけて走り抜き、大隅半島の中央部に位置する鹿屋《かのや》市に着いた。薩摩半島から大隅半島に渡るには、国道10号線を鹿児島湾に沿って進み、国分あたりから南下するルートと、鹿児島市内の鴨池港から出る「鴨池・垂水フェリー」を利用して垂水《たるみ》市に上陸するというルートがある。

「どっちが走行しやすい？」と、鹿児島出身の友人に電話で訊ねると、「鴨池・垂水フェリー」(30)の「南海うどん」は格別ということだったので、距離や道路事情はさておき、迷うことなく後者のルートを選択した。

鴨池《かもいけ》港から垂水《たるみ》港まで四〇分ほどの船旅は、トラックや観光バス、そして路線バスもいっしょ

---

(30)　鹿児島湾（別名：錦江湾）内を往復し、薩摩半島と大隅半島を一直線で結んでいるフェリー。一日に二九往復が運行されている。大人片道四八〇円。

である。乗船した運転手たちは、こぞってうどん屋のカウンターに向かっていた。

「食通」を自認している僕も、もちろん食べた。トッピングも豊富で、すぐに「マイうどん」が完成する。桜島を眺めながらのうどん、ここでしか味わうことができない。ロマンチックさには欠けると思うが、絶品！　鹿児島でのデートのとき、「二人でお酒を」ならぬ「二人でうどんを」味わってほしい。ちなみにお値段は、かけうどんが四〇〇円、カレーうどんが五五〇円、肉うどんが五八〇円となっている。

下船すると、いよいよクライマックスの地、六〇キロ先にある佐多岬に向かった。つまり、日本縦断のゴール地点である。出発してから三四日目を迎えていた。

桜島を背にして、国道220号から国道269号へと、地元で「佐多街道」と呼ばれている道を南に向けて走っていく。大隅半島の西側、つまり鹿児島湾沿いを南下したわけである。

佐多岬への到達証明書

佐多街道の終点となる田之崎あたりから少し上り坂が多くなってきた。そして、大泊を越えて佐多岬に続く道は、これまでの山道とは一線を画すものだった。上っても、上っても、傾斜が緩やかにならない。佐多岬ロードパークのアーチを越え、さらに坂を上っていく。北緯31度線を越え、いよいよ佐多岬である。

岬の手前にあるトンネルの入り口で、「日本本土最南端到達証明証」を購入した。それをもってゴールとした。とにかく走り抜き、終点に「着いた」のである。

走ることが日常に

三四日間、同じこと繰り返していると長距離走行も日常となる。この日常を繰り返した結果、「着いた」わけである。郵便局に向かい、改めてお世話になった人たちに「着きました」と短く書いてハガキを送った。

そのハガキを読んだ人から、「どうだった？」と質問を受けたが、正直なところよく分からなかった。もっと感激するだろうと思っていたのだが、予定していたことを終えたという感覚にすぎなかった。野菜を切って、フライパンで炒めたら、当然のことながら野菜炒めができる、そんな感覚だった。

「もっと、感動するかと思っていたのだけど……」

と言いながら首をかしげた僕を見つめ、リハビリでお世話になっている廣戸道場の廣戸聡一先生は[31]「アッハッハ」と笑って共感してくれた。

「初めてコーヒーを飲んだときは苦いと感じても、毎日飲めば普通になる。だから、『コーヒー、うめえっ！』と叫ぶこともないし、『俺、今日も生きてた！　セーフ！』とガッツポーズをすることもない」

たしかに、ゴール地点でガッツポーズは出なかった。「できない」と思っていたことが「できた」だけで、それが「日常」になっただけである。こんな感激のない感想だが、僕にとっては重要な意味をもっている。それは、「ハンディキャップという宿命」である。

(31)　一九六一年、東京都生まれ。一般社団法人「レッシュ・プロジェクト」代表。スポーツ整体「廣戸道場」主宰。平成二二年度よりJOC（日本オリンピック委員会）強化スタッフ。重心と軸の個体差を解明した画期的な身体理論である「レッシュ理論」を提唱。トップアスリートのコンディショニングから介護の領域まで幅広く指導するフィジカル・スーパーバイザーである。〒151－0051　東京都渋谷区千駄ヶ谷3－63－1　グランデフォレスタ原宿2・3階　TEL：03－5414－1411

第3章

ハンディキャップという宿命

ハンドバイクが「日常」となった

◎博多で一番厳しい専属トレーナー

日本縦断から遡ること三六年前、永野は福岡県福岡市に生を受けた。顔をくしゃくしゃにして「オギャーッ」と泣いたその声に、家族は顔を見合わせて安堵した。すでに生を受けている者は新しい生命の誕生を喜ぶと同時に、口には出さなくとも、足があるか、手があるかを確認する。そして、誕生から一年半後、永野は脳性まひと診断された。

障害児の親となった永野の母は、考えるまでもなく「専属トレーナー」となった。おそらく、博多で一番厳しいトレーナーであったと思われる。醸しだす雰囲気は、母性というよりスポーツコーチ。たとえるなら、テレビなどで見たことのある、シンクロナイズドスイミングの井村雅代監督といった雰囲気である。

じっと永野の動きやスピードを確認し、その日のトレーニングメニューをこなさなければ家に帰ることも許さなかった。子どもであった永野が泣きじゃくっても、母は手を止めることなくリハビリを続けたという。

訓練に次ぐ訓練――長いときには、一日に八時間ものトレーニングが続いた。手を抜けばきつく叱られるし、「今日は休みたい」なんていう甘えも許されなかった。もっと正しく表現すれば、そんなことを言えるだけの雰囲気がなかった。

永野の疲れた表情やため息は、まちがいなく母性に響いていたはずだ。しかし母は、子どもの嘆きよりももっともっと大きい「何か」を恐れていたのだろう。リハビリをしなければ、何か我が子の身体に変化が生じるかもしれない……。だから、母は時折、永野を叱咤した。

「一日休むと、三日前の状態に戻るよ」

この言葉を、母はひたすら永野に言い聞かせたという。三日前には戻りたくない。二日休めば六日戻るし、一シーズン休めば一年前に戻ってしまう……。突き詰めていけば、自由に歩けなかったころには戻したくない、それが母の切なる願いだった。

――やがて、明も膝を上げて歩けるようになるはずだ。

だから、博多の箱崎海岸に続く白い砂浜が、たとえ陽に焼けて照り返しても、砂に足が埋もれても、母は決して永野に手を差し伸べることはしなかった。いつしか、そんな母の気持ちを永野はしっかりと受け止めるようになった。だからこそ、「助けて!」とは言えなかった。

母は、手を差し伸べなかっただけではない。砂浜で、永野の足が前に踏み出ようとした瞬間、自らの足を永野ほうに伸ばしてきた。永野の記憶のなかには、真っ白な砂浜が広がっている――母の足が目の前に現れた瞬間、派手にこけてしまった。

この母の行動は、決して意地悪ではなく、「こける」ためのトレーニングであった。幼かったこともあり、当時の記憶はかなり遠のいているが、三十数年間、顔にケガ一つしたことがないのも、とっさに肘が顔の前に出るのも、「このような訓練をしてきたおかげ」と永野は振り返っている。もしかしたら、母の訓練・教育こそが、北海道から鹿児島までの三二〇〇キロを走行した原点と言えるのかもしれない。

◎「できない」自分を守っていた

母からスパルタ教育を受けて育った永野だが、『巨人の星』の星飛雄馬みたいに「ザ・根性」という感じはしないし、自らを前に出すタイプでもない。たしかに、目立つことは好きだが、自ら予想していないときにスポットが当たるとひるむような性格であった。

当時、通っていた身体障害者機能回復訓練場「やすらぎ荘」(1)では、下肢に障害をもった子どもたちがお遊戯をするという集団療法があった。そのなかで、「じゃぁ、明君はこの役ね」と役割を与えられた途端に身動きがとれなくなる。経験のないことに対して、どのようにリアクションをしたらよいかが分からなかったのだ。

言い換えれば、やり方が分かるものはやるが、分からないものは知りたいと思うまで手をつけない、というタイプである。また、学校で出される宿題も、解き方が分かる算数だけはしていくということであった。

誰しも、最初はなんでも未体験である。ようは、何をきっかけとしてはじめるか、である。新しい経験を積み重ねるための最初の一歩は、「信頼できるメンター（助言者）に出会えるかどうかによる」と永野は言う。

中学・高校と進学し、上京して就職という過程で、永野はさまざまなメンターに出会っている。これまでにも紹介してきた「廣戸道場」の廣戸聡一先生もその一人である。一人ひとりの身体のタイプにあわせて最適な整体施術を行うことで知られている専門家だが、その廣戸先生に出会って初めて、永野は地にかかとを着けた状態で立つことができた。

廣戸先生は、関節をポキポキしたり、マッサージをしたわけではない。ただ、座っていた永野に「その場で立ってみ」

（1）〒838－0202　福岡県朝倉郡筑前町三箇山字北ヶ谷508。家庭にいる心身障がい児（者）たちが通園で訓練する施設。故森繁久彌さんたちが提唱した「あゆみの箱」運動によって建てられ、一九七二年に「障がい者の楽園」としてオープンした。

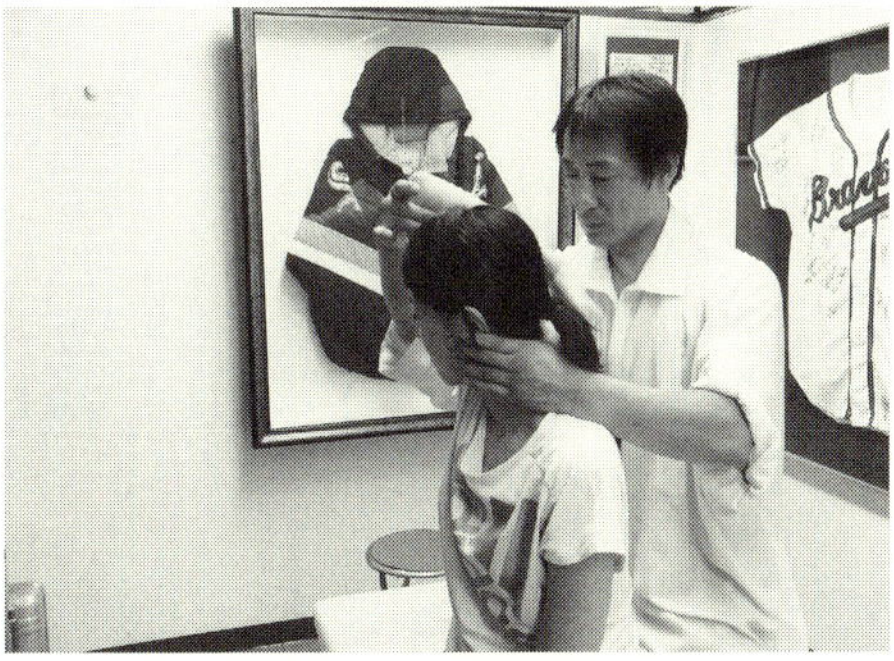

整体施術を行う廣戸先生

と言っただけである。言われるがまま、永野は床に対して垂直になった。そのかかとは、生まれて初めて床の硬さや冷たさを感じた。途端に、「アワワッ！」と声を上げていた。

「気持ち悪いです。このあと、どうしたらいいんですか？」

これまで、足の指の付け根あたりで重心をとって跳ねるようにして歩いていただけに、「嬉しい！」とか「立てた！」ってことより、初めての経験にどう対処したらいいのかが分からなかった。

呆然としている永野を見つめていた廣戸先生は、拍手を贈ることも、「じゃあ、次に歩いてみよう」と課題を課すこともなく、「立てたね」とだけ言った。

永野は、この言葉を聞いてはっとした。これまで、知らず知らずのうちに、「かかとを着けた状態で立てない自分」を守ろうとしていたのかもしれない、と。リハビリでは、「よくなっている……と思う」と施術者の顔を立てる癖が身に着いていた。その癖が、歩こう、走ろう、という永野の期待をどこかで諦めさせていたのかもしれない。

そんな思い込みを、いい意味で裏切ってくれるメンターに永野は恵まれている。廣戸先生をはじめとする、このような素晴らしいメンターについてはのちに詳しく紹介していくが、まずは最初のメンター、つまり母にまつわる話をもう少し詳しく紹介していこう。

僕の決断

六歳になった冬、永野は最初のメンターである母とともに一つの人生の決断をした。とはいえ、いくつかの選択肢や条件が並べられて、苦渋の決断をしたというわけではない。母が提示した選択肢から一つを選んだだけである。だから、ほかにも選択肢があったかもしれないし、自らが選んだ方向が正しかったのかどうかも分からない。

「明も春から小学生になるね。従兄の兄ちゃんがいる学校がいい？　それとも、リハビリをいっしょにしているお友達がいる学校がいい？」

従兄が通う学校は、いわゆる公立の普通学校である。一方、リハビリをいっしょに続けていた友達は、今で言うところの特別支援学校に通っていた。どっちの学校を選んだとしても、どんな未来が待ち受けているかは分からないし、どのように違うのかも分からない。六歳の永野にとっての選択基準は、

幼少期の永野明

「従兄の兄ちゃんといっしょに遊びたい」ということだけであった。

実際、母はどちらの学校を選ばせたかったのだろうか。学校の違いについては、何ひとつ説明がなかった。そして、永野は普通学校に進んだ。

当時、永野が育った福岡市東区は、マンションや宅地の開発が一気に進んでいた。気付くと、空き地にはコンクリートの塊がそびえ立っていた。新興住宅地の子どもを一気に抱え込んだ小学校は、全校児童が一五〇〇人にも上る、地元でも有数のマンモス小学校だった。とにかく、周りを見わたせば、子ども、子ども、子ども……。

これまで同世代の子どもとの付き合いはリハビリ施設や親族程度にかぎられていたため、ウジャウジャと子どもがいるという環境は、永野にとってはとても刺激的なものだった。背の高い子どももいれば、メガネをかけている子どももいる。かっこいい筆箱をチラチラと見せびらかす子どももいた。

「僕と違う！」

永野は不思議な感覚を覚えた。入学するまでは、リハビリ施設のトレーナーの指示のもと、周りの友達と同じようなトレーニングをしていたわけだが、小学校では子どもたちがそれぞれ関心の赴くまま好き勝手に騒いだり、ガリガリと鉛筆を走らせたりしている。何よりも、飛んだり跳ねたり、校庭を走り回る同級生のうしろ姿に少なからずカルチャーショックを受けてしまった。

「自分より、もっと早く走れるヤツがいる」

リハビリ施設では、寝っ転がったり壁を伝ってようやく歩ける仲間のなかにあって、永野は「歩ける存在」として一目置かれていた。「明みたいに歩けるようになりたい」と声をかけられることもあったのだ。しかし小学校では、もっともっと早く走れる子どもばかりが大勢いる。永野は初めて他人との違いを認識し、「個」というものを感じた。

孤独という意味の「孤」ではない。「人は自分とは違う」という「個」である。最初のメンターである母は、その違いを知ることになる最初のきっかけを永野に選ばせたことになる。

常にそうだった。訓練内容には選択の余地はあまりなかったが、母はこれから先のことを考え、さまざまな選択肢を与えてくれて経験値を増やしていってくれた。

「この先、どうする？」と聞かれても、経験したことがないから分からない。だけど、「どっちがいい？」と二つか三つの選択肢を与えられれば、なんらか自分に響くものがある。それの最初が「小学校選び」だった。

公立の学校がいいか、特別支援学校がいいか、結果は分からない。しかし、永野は「正しい選択をしたのだろう」と振り返る。そして、次のように言葉を続けてくれた。

「時々、低学年の子に歩き方を真似されたこともあったけど、今でも連絡を取り合える仲間がいるということは僕にとって財産です」

東京での独り暮らし、そして就職

小学校を卒業した永野は、中学、高校と、そのまま地元の公立校へ進んだ。友達と同じように、「地元の高校へ進学しよう」と思って受験をしたわけである。そして、その延長で、当たり前のように高校卒業後は独り暮らしとなった。永野の先輩たちはみな、就職や進学で福岡の実家を出ていっていたのだ。

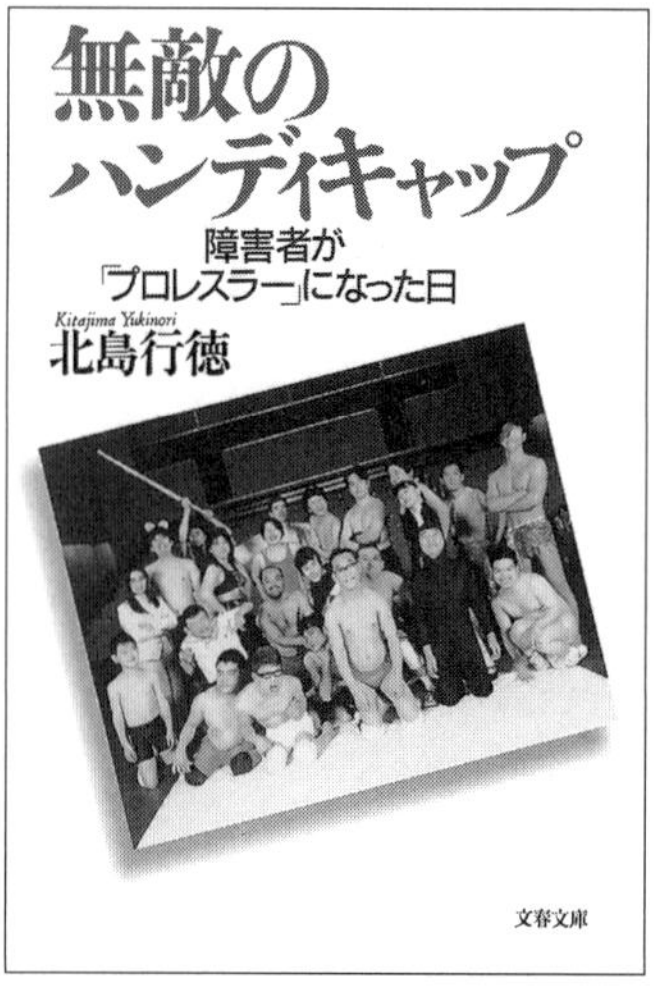

「どうせなら東京に出よう」と、故郷に別れを告げた永野は初めて飛行機に乗った。

最初に住んだのは東京都北区のアパート。社会人としてのスタートは、知人のつてをたどって製版会社への就職という形で切った。この会社では雑誌の製版作業を主に行っていたため、本を読むことに慣れようと、会社帰りには書店に立ち寄るようになった。そうしたある日、一冊の本が永野の目に飛び込んできた。

『無敵のハンディキャップ――障害者が「プロレスラー」になった日』（北島行徳、文春文庫、一九九九年）という本である。この本が、永野のこれから先の人生を導くことになった。

◎障害者レスラーとしての出発

製版会社に就職して、数年も経たないうちにリストラに遭い、今度は裸一貫で就職活動をはじめることになった。

都内のセミナールームで開かれた就職説明会では、大小さまざまな会社の人事担当者がパンフレットを片手に自社の理念や待遇を熱心に説明していた。最初の就職先が印刷関係の会社であった永野は、凸版印刷のブースを訪ねた。何かピンと感じたのかもしれない。のちに行われた面接で人事担当者は、「縁があったらまたご連絡します」と言ってくれた。そして永野は、その縁を引き寄せた。そのまま最終面接まで進み、凸版印刷への入社を決めたのだ。

新しい職場で永野は、飲料メーカーの運営事務局の担当となった。飲料水についているシールを台紙に貼り、個人情報を書いて送ると商品が当たるというキャンペーンだった。ここで永野は、応募で寄せられた個人情報を管理していた。印刷会社ではあるが、シールやパンフレットの制作のほかに、こうした管理を付帯サービスとして行っていたのだ。

印刷会社というのは情報の山である。ビールの広告もあれば、ジュエリーのパンフレットだってある。このような環境が影響したのか、さまざまな社会の動きに対して好奇心の翼を広げることになった。そして、社会人としての生活にも慣れたころ、永野は「障害者レスラー」という新しい肩書きを得ることになった。

一九九八年に講談社ノンフィクション賞を受賞した北島行徳氏(2)の著書『無敵のハンディキャップ――障害者がプロレスラーになった日』は、障害者をだらしなく、ありのままに描いたことで話題になり、一九九三年には映画化もされている。同じく障害者である永野は、かつて見たこの本のことが記憶に残っていた。早速、書店で平積みとなっていたものを買い求めて一気に読み、北島が主宰する障害者プロレス団「ドッグレッグス」(3)に電話をかけた。

「自分は障害者です。北島さんの本を読んで、障害者プロレスの手伝いをしたいと思いました」

東京・世田谷にあるミーティング場所を訪ねると、ノンフィクション作家らしからぬ筋肉と、こんがりと黒く陽焼けた肌の北島は、永野を見てこう言った。

「君ができることは、レスラーになることだよ」

永野は、理由も聞かず首を縦に振っていた。

即決したとはいえ、レスラーになると考えていたわけではない。ただただ、ボランティアスタッフとしてリングの近くでプロレスを見たかっただけなのだ。人前で裸になったこともないし、大声を上げることも、他人を殴ったこともなかった。子どものころの永野だったら、「やったことがないから」と言って、断っていたかもしれない。

しかし、北島に背中を押されたその四か月後、永野は初めてリングに上がった。目にしたリングの上で、面白そうにプロレスをやっているやつらがたくさんいたからだ。ちなみに、初めて上がったリングの上でのことだが、試合前に行われるレフリーチェックのときに「相手の腕とか、折っちゃってもいいんですか？」と質問したところ、ポカンとされている。

◎永野・V・明として

障害者プロレスは、その名のとおり障害者が行うプロレスである。一般的なプロレスで用いられる3カウントフォール

(2)　一九六五年、東京生まれ。ノンフィクション作家、シナリオライター、小説家。『ラブ&フリーク ハンディキャップに心惹かれて』(二〇〇〇年・文藝春秋)『デバッグ・ガール』(二〇〇八年・ポプラ社)、『ハマトラ』(二〇一三年・集英社)などを執筆している。

(3)　一九九〇年に北島が旗揚げした、障害者プロレスの草分け的団体。身体障害や知的障害をもつ男女のレスラーと健常者レスラーがともにリングに上がり、興行を続けている。

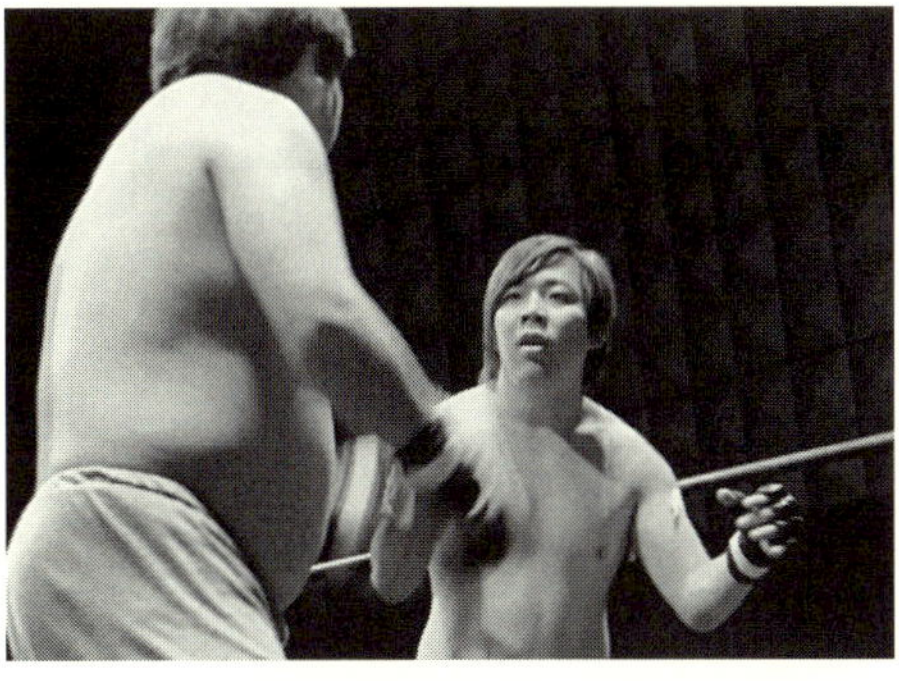

「ドッグレッグス」のリングに上がる

ではなく、ギブアップやＴＫＯで勝敗が決まる。また、障害のある部位を故意に攻撃をしてはいけないとか、健常者が参加するときは、ルールによって下半身に拘束具を（枷《かせ》）を着けるといった決まり事がある。

ドッグレッグスには、義足を着けている、耳が聞こえない、知的障害などといった、さまざまなハンディキャップを抱えているレスラーが存在している。障害の程度を階級に分けてマッチングを行っているが、立って闘うことができる「ヘビー級」とか、膝立ちができる「スーパーヘビー級」という程度の分け方で、身体の大きさも経験もバラバラである。

遠慮とか歯止めとかが効かない障害者レスラーだらけの主戦場に、一九九七年、永野は足を踏み入れた。障害者プロレス団体「ドッグレッグス」の一員となった永野は、リングネームを掲げた。

〈永野・Ｖ・明〉

「Ｖ」はVictoryのＶ。リングアナの声が会場に響きわたると、「アドレナリンがガンガン満ちあふれた」と言う。そのためか、もしくは最初の試合ということで緊張していたせいか、最初の対戦が「健常者と障害者の３対３の試合だったということ以外、勝敗すら覚えていません」と言う。

知的障害レスラーの腹にまとわりついた脂肪が大きな壁となって、永野のパンチを跳ね返すこともある。母が意図的に足を引っかけて浜辺でコケさせられた練習は、レスラー永野にとっては単なる準備運動にすぎなかった。

また、「目の前のレスラーを打ちのめすに精いっぱいだった」とも言う。ただ、終わったあとに会場が熱くなっていたことはしっかりと覚えている。お客さんの視線がリングに集まり、永野は「人に観てもらう」という感覚をこのときに初めて体験した。

「また次に！」と言われるレスラーに

他人に自らの存在を知ってもらうことで、永野はレスラーとして「魅せたい」という気持ちに駆られるようになった。もちろん、かっこよく勝ちたいのだが、それ以上に永野は「客が感情移入するレスラー」を目指すことにした。

プロレスの試合運びを、永野は三段階に分けて定義した。最初は、相手を挑発したり動き回って会場を温める。中盤は、相手を殴り、ルールを理解させるとともに会場を盛り上げる。そして最後は、客が真剣に試合を観て、勝敗の行方を見守る。

永野は、中盤の役回り、つまり会場を盛り上げるレスラーであり続けたいという。たとえるなら、高知競馬場で一一三戦〇勝という「偉業」を成し遂げたハルウララである。弱くて賭けの対象にならないのだが、多くのファンが「勝ってほしい」と願いを込めて賭け続ける。「強いから応援する」のではなく、「この選手だから応援する」といった選手になりたいと永野は思ったわけである。

プロレスには、三つの「結果」がある。「勝ち」か「負け」か「引き分け」か。

「勝つ」確率は三割強だが、「負けない」とすると引き分けも含めれば六割強の確率になる。となると、負けなければいい、引き分けにさえもっていければ、という気持ちになってしまうものだ。これでは、勝利をとりにいく試合ができない。お客さんにとって、挑戦のない試合は観る価値がないものとなる。真っ向勝負を挑まないピッチャーが投げている野球チームが、当然のごとく、ブーイングの嵐となるのと同じである。

そんなことは分かっているのだが、レスラーのなかには、負けるのを恐れて試合をしなくなる者もいる。しかし永野は、プロレスに対するポリシーとして次のように語っている。

「勝者であり続けたい。けれど、負けなければいいという意味ではない。きちんと試合に向き合って、正々堂々と勝負しなければ本当の意味で強いとは言えない」

プロレスには二つの「成果」もある。よい試合だったか、それともお客さんの記憶に何も残らなかったつまらない試合か。「強いね」もしくは「面白い」と言われる選手こそ、観客が固唾《かたず》を飲んで応援してくれる。そして、「次も期待しているぞ！」と声援を送ってくれる。
「たとえ、ガリガリに痩せて四〇キロぐらいになっても、応援したいと思う選手でありたい」ともいう永野は、その理由を次のように表現した。
「なんせ、『おもしろかった』を提供するのが障害者レスラーですから」

音のないプロレス

ドッグレッグスには、声援も入場テーマ曲もない静かな試合がある。ただただ、熱くなった客席にはペンライトが揺らぐ。聴覚障害者の試合だ。ドッグレッグスには、〈高王《たかおう》〉と〈陽ノ道《ひのみち》〉という二人の選手がいる。筋肉隆々のボディと清潭な顔立ちから、韓流ならず「聴流」と呼ばれている。

高王と陽ノ道の二人がタッグを組む場合は、互いに顔が見える場所に自分の身体を移動させ、手話でコンタクトをとる。あるいは、マットを叩きつけ、振動によってコンタクトをとっている。その静けさに、観客は耳を澄ますことになる。

陽ノ道は、裏原宿のTシャツ屋や代官山のカフェにいそうな、イケメンのメガネ男子だ。シャツを着ていると、もう一つの顔である写真家・齋藤陽道[4]のほうがしっくりとするが、ひとたびリングに上がればボクシングで鍛えた腕があらわになる。その拳が、永野をとらえた瞬間があった。

永野は今でも、そのときのことを忘れていない。試合がはじまってすぐに、強い打撃が脇腹に衝撃を与えた。リングサイドに目をやると、スタッフが「やっちゃいなよ。前に行けよ」と煽っている。ヨロヨロとしながらも、永野は再度、陽ノ道のほうに向かった。そして数秒後に、側頭部にパンチをもらった。

一瞬のことだった。気付くと永野はリングの床に伏せていた。足をふらつかせながらも立ち上がった永野は、リングサイドに手をかけてジャッジメントを聞いた。結果は、言うまでもない。

永野は陽ノ道を抱きしめ、低音に響く嗚咽のような叫びを繰り返した。

「ウォー、ウォー、ウォッ!」

永野の鼓動が、陽ノ道の胸元に振動を伝えた。

「きっと、陽ノ道は泣いていた。そして、初めて心がつながった気がした」

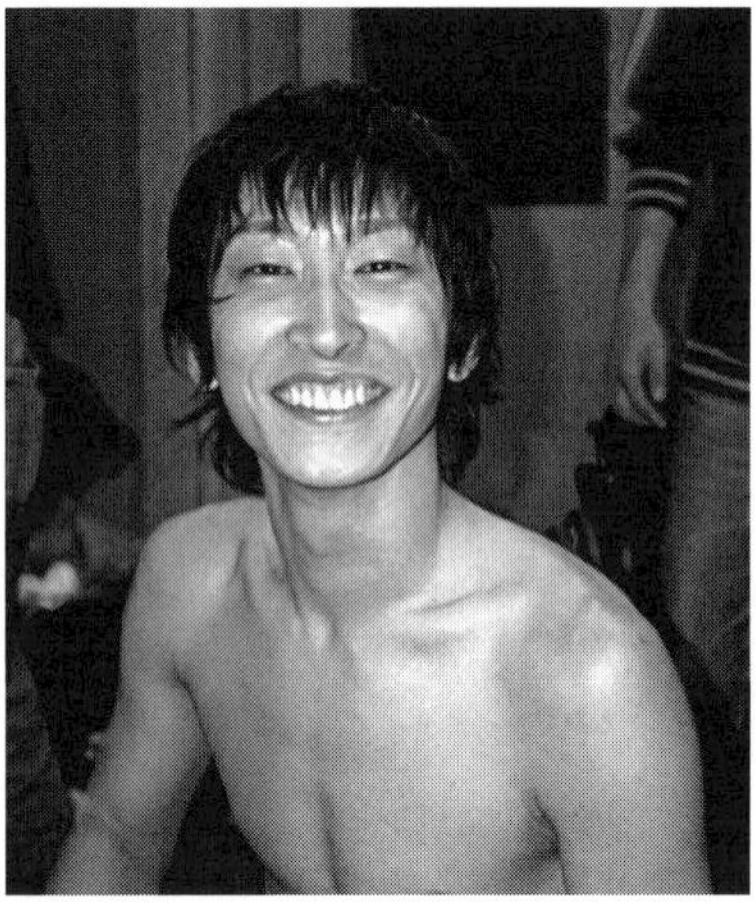

レスラー〈陽ノ道〉

陽ノ道とは、口頭で会話をすることができない。紙とペンを用意しての、筆談での会話となる。言葉が行き来し、彼の伝えたいことは分かるが、細かいニュアンスを互いにどれほど理解しているかはいまだに分からないという。

「友達として陽ノ道のことをもっと知りたいし、話したいけど、最適な手段がない」

手話を知らない永野のジレンマは、もっと伝えたいという気持ちになって、ミミズの這ったような字として表れる。

永野が書いた字を瞬時に読み、陽ノ道はペンを走らせる。そんな会話を続けた永野は、より一層行間にある彼の気持ちを知りたくなった。陽ノ道も、きっとそう思っているのではないだろうか。だから、試合では本気でぶつかり合うのだ。そこには、まったくもって遠慮がない。

「SMの『M』じゃないけど、お互い遠慮をしないことが分かると、相手のことが分かった気になる」と言う永野の言葉、さまざまなジャンルの世界で通用することかもしれない。

ある試合のあと、陽ノ道は永野に次のように告げている。

（4）　一九八三年、東京生まれ。都立石神井ろう学校卒業。二〇一〇年写真新世紀に出品した「同類」で優秀賞を受賞、同年、東京写真美術館に展示。二〇一一年に写真集『感動』を赤々舎から発表。二〇一四年には、ワタリウム美術館で写真展「宝箱」を開催している。

「試合の最中、目が合って一瞬、笑いあった。そのとき、俺らはこの世界でたったふたりきりだなと感じた。怖いようなくすぐったいような……。目の前の永野さんはまったくのひとりきり。そして、僕もまた同じくひとり。ひとりきりのもの同士がこうして出会えたという、すごく不思議な気持ちだった」

試合の間は常に一人だ。相手を殴り、その反発力を受けて初めて、一人である怖さを払拭《ふっしょく》することができる。そして永野は、相手とぶつかり合うことで、障害者である自分よりも、レスラーである自分を感じることができるようになった。

第4章

人の縁が運んできた「運命」

講演会にパネラーとして参加した永野明

ろう。

◎福岡に障害者プロレスを

障害者プロレスのレスラーである永野にとってのメンターは、ドッグレッグスを立ち上げた北島行徳となる。障害者プロレスのことを書ける小説家となれば、北島の右に出る者はいないであろう。

一九九一年に日本で初めての障害者プロレス団体「ドッグレッグス」を旗揚げしてから二〇年以上にもわたって興業を続けており、月に数回はレスラーと膝をつきあわせて話をしている。

世田谷にある公民館の和室からは、時々、彼らの笑い声が聞こえてくる。何を話すわけでも、決めるわけでもないが、レスラーやらスタッフが時々互いをおちょくりながら笑いをとっている。なかには、自分の感情や希望を言語化できないレスラーもいるが、天井を見上げたり、北島のほうに視線を送っては、繰り返される昔話に笑《えみ》を浮かべている。

こんなレスラーの声を聞くことができるのは、北島自身がレスラー〈アンチテーゼ北島〉であるからだ。殴るのは当たり前、障害者に対して「オメェには友達がいるのか」なんて、グサッとするような言葉もぶつけてくる。障害者のそばで日々過ごしている家族だって、介護福祉士だって、そこまであからさまに傷口を広げることはしない。では、何故できるのだろうか。

北島と障害者が、何か対立軸に存在していたり、同じような境遇を経験したからではない。障害者レスラーの本音とか人間臭さに、同じレスラーとしての興味なのか、愛情があるからだと、永野は思っている。そして永野も、仲間たちの人間臭さに触れることがうれしいと話している。

「基本的に、障害者レスラーは自分自身のことが大好きだ。もしくは、大好きになろうとしている。障害者だからか、レスラーだからかは分からないけど、試合後にレスラー同士でマイクを取り合うからね。そんな試合、プロ野球でもプロレスでも見たことはないけど、この障害者プロレスでは、『オレも言いたいことがある』とマイクをずっと放さないヤツもいる。ナルシストか、またマイク奪ってるよと呆れることもあるけど、障害者レスラーにとって、リングは自分をかっこよく見せる舞台なのだ。大した身体でもないのに、鏡に向かってうっとりしているレスラーもいるほどだ。『はぁっ⁉　おまえ、何見とれてんだよ』と声をかけたいところだけど、自分のことを好きになれるっていいじゃない」

このように考える永野は、地元福岡の仲間にも同じような環境をつくることにした。そして、二〇〇〇年、「やすらぎ荘」で出会った友人・知人を募って障害者プロレス団体「FORCE《フォース》」を立ち上げた。

その理由は、北島のように「場」をつくりたいと思ったこともあるが、身体をつくったり、相手を殴ったり、目立ったりと、一歩前に進むことに喜びを感じてほしいと考えたからである。

ともすると、障害を抱える人のなかには、「自分ができる範囲を決めつけてしまう人が多い」と永野は考えている。これは、障害のあるなしにかかわらず、新しい「トライ」をするきっかけが見つからないからだと推測している。事実、永野自身も、かつての自分を「与えられたことを淡々とこなすだけだった」と振り返っている。

体重三〇キロ台のボディービルダー

障害者レスラーとしてリングに立つ永野は、時々、周囲からこんなアドバイスを受けている。

「プロレスなんてせずに、もっと障害者らしくしたほうがいいんじゃない？」

プロレスは格闘技だ。殴ったり、転んだり、ちょっとした動きが身の危険につながるケースも皆無とは言えない。そうした身の危険を知ったうえでリングに上がっているのだが、

FORCEのリングで戦う永野（写真：WAHHO!）

命をかけて頑張るといった正義感とか、障害者の気持ちを分かってほしいといった恩着せがましいメッセージを訴えたいからでは決してない。永野の言葉は単純明快なものだった。

「プロレスが好きだからリングに上がっている」

どのレスラーも、自らが決めてプロレスをはじめている。誰かが引きずって、無理やりリングに上げたわけではない。プロスキーヤーの三浦雄一郎が三度目のエベレスト登頂を目指したときも、おそらく「八〇歳のパワーを見せつけてやる」と思って登ったわけではないだろう。そしてまた、「八〇歳だから、もっとゆっくり過ごしては……」なんて心配する声に反発したわけでもないだろう。

自らの最適な状態のときに比べて、障害や加齢といったものは多少なりとも足かせとなる。ただ、本人たちは、そのなかで最適なコンディションをつくって闘い、山に登っている。誰のためでもない、自分のためなのだ。

そうした思いを顕著に表現しているレスラーがFORCE《フォース》に在籍している。身体は、ファッション誌に登場するような女の子のように細い。骨ばった膝頭がポコッと浮き出ていて、裸になれば肋骨が皮膚の下にのぞいている。

永野と出会ったころ、彼は特別支援学校高等部の二年生だった。FORCEの試合を観に来て、「僕も入団したい」と名乗りを上げたという。

永野は、彼の障害の内容や程度をよく知らない。訊ねることもしないし、彼が自分で説明することもなかった。ただ、じっと練習を観察していると、動作はゆっくりで腕だけで身体を動かし、足にはまったくと言ってよいほど力が入っておらず、足を引きずる様子がうかがえた。このような動きを観察しながら、障害の部位や程度を確認し、危険だけは回避するように注意を払った。

そんな彼が、練習中、永野に質問してきた。

「明さんのように身体を大きくしたい。何を食べればいいのですか？　どんな練習をすればいいのですか？」

発言の意図を考えあぐねている永野に、畳み掛けるように次の言葉が飛んできた。

「ボディービルダーになりたいんです！」

プロレスをはじめたことがきっかけで、もっともっと身体をつくりたいと思うようになったらしい。聞くと、プロテインを飲んだり、ボディービルの教室にも通いはじめた

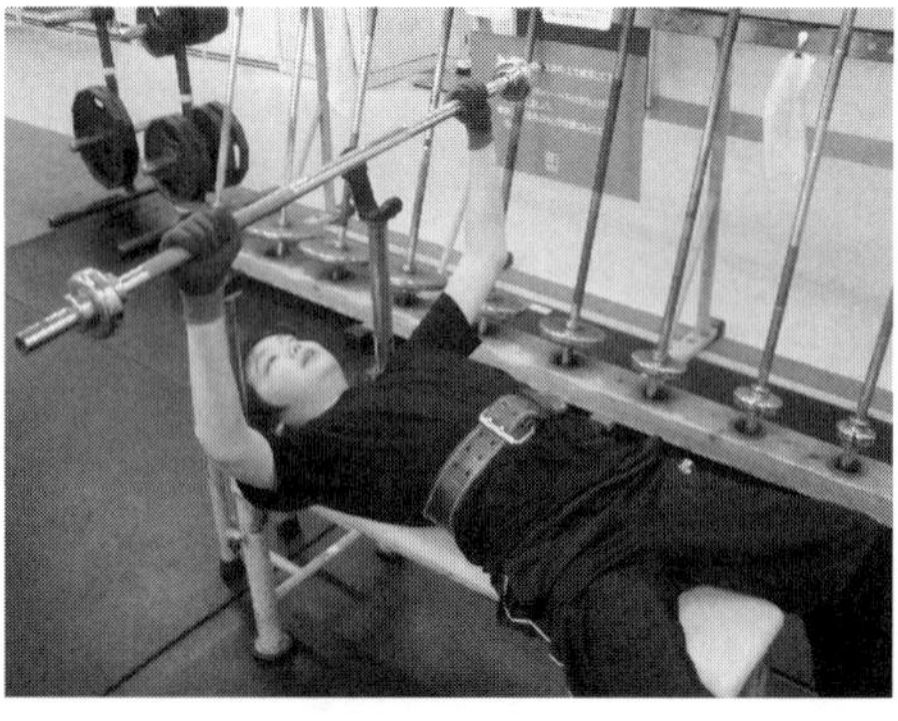

体重30kg 台のボディービルダー

という。彼の腕周りを一・五倍に増やすには、とてつもない時間がかかるであろう。だから、彼は一日たりともトレーニングを欠かさない。おそらく、かつての永野と同じく、一日休めば元に戻ってしまうということを知っているのだ。だから、理想の身体になるために進み続けている。

◎障害者の覆面レスラー登場

障害者プロレスを続けていると、熱意にみなぎった障害者が練習場を訪れることがある。ある日の訪問者は、杖をつきながら訪れた高校生だった。興行を観て、自分もリングに上がりたいと思ったらしい。

鋭いその目つきは、他のレスラーの競争心をくすぐった。スパーリングを続けても、ボコボコにパンチを浴びせても、彼がひるむことはなかった。そしてある日、彼はリングに上がった。

「僕が決めたことだから」

彼は、その宣言に動かされるがごとく試合に出場し続けた。

「高校生レスラー、登場！」とホームページに掲載した途端、見事にクレームの嵐となった。

「高校生にプロレスなんてやらせて、危ない」

「しかも、障害者を見世物にするなんて」

手づくり感満載のホームページだったが、予想外の反響であった。周囲がワーワーと騒ぐなか、永野はスタッフとともにホームページの影響力に感心さえしていた。とはいえ、このようなクレームも集団となると騒がしさを越えて世論となってしまう。

「高校生にプロレスをやらせるべきではない」と、教育委員会までが動いた。これには永野もたじろいだが、この騒ぎで本人の意志はさらに強いものになってしまった。

「自分がやりたいと言ったことをやって、何が悪い！」

大人たちは、彼のこの主張に言葉を引っ込めるしかなかった。彼の主張を受けて永野は、教育委員会との打ち合せにのぞんだ。教育委員会の担当者も困ったようで、永野に開口一番、こう訊ねてきた。

「試合に出さないことは可能でしょうか？」

永野は、担当者の言葉をつっぱねる。

「彼の気持ちを尊重すると、こちらの一存だけで試合に出さないという判断はできない」

約一時間半の押し問答に、永野は終止符を打つべく一つの提案をした。

「誰だか分からなければ、リングに上げてもいいですか？」

担当者は、困惑の表情を浮かべる。

「誰なのか分からないというのは、高校生かも分からないということですか？」

「そうです。プロレスですから、いろんな方法があります。僕に任せてください。誰だか分からなければ、高校生だとは思わないでしょう」

永野の提案に、担当者も頷くしかなかった。

そして、高校生レスラーに「マスクマン」としてリングに上がることを提案したところ、彼は迷うことなく自らマスクを着けはじめた。年齢も名前も不詳。白いタイガーマスクを身に着け、彼は一個人から障害者レスラー〈白虎〉に変身した。ひょっとしたら、誰にもじゃまされない空間ができたと感じたのかもしれない。

覆面レスラーの彼であるが、好きが講じて覆面職人となってしまった。今では、作業所で得たお金のほとんどをミシンに注ぎ込んでいる。難易度の高いマスクに糸を通しながら、彼は次の試合を楽しみにしている。

マスクマン〈白虎〉（撮影：齋藤陽道）

伴走者となった畠中

障害者プロレスでも、多くのスタッフがリングサイドで永野の試合を支えている。その一人が、TE－DEマラソンで伴走役を務めた畠中だ。

永野は、幼少のころから福岡県内の施設でリハビリを受けていた。ある日、障害者教育を学ぶ大学生として研修に来ていた畠中がその任にあたった。つまり、見習いトレーナーである畠中のトレーニーとして永野が選ばれたわけである。それ以来、何故だか縁が続いている。

畠中は九州の大学で教員免許を取得したにもかかわらず、永野が東京に行くと聞いて、東京都の教員採用試験を受けた。その結果、都内の特別支援学校で教鞭を執ることになった。一枚目に差し出された名刺は教員のもの、二枚目の名刺はFORCE《フォース》のリングスタッフ、そして三枚目の名刺には「TE－DEマラソンの伴走者」と書かれていた。ひょっとしたら、それ以外の顔ももち合わせているのかもしれない。

そんな畠中に永野が出会ってから十数年、永野のそばで、今もいっしょに走ってもらっている唯一無二の存在である。

障害者教育が専門だった畠中は、永野と出会ったころから、いろんな人がもちあわせている価値観をできるだけ受け止めるようと努めはじめた。それは資質として備わっている優しさによるものなのだが、さまざまな価値観を受け止めすぎた結果だろうか、すべてを享受するようにもなっていた。とくに強いメッセージや意見に対しては、永野から見ても、揺さぶられてしまうのではないかと思うような危うさすら感じられた。

「お願いね」と言うと、「いいですよ」と快諾してくれる。

『ONE PIECE』(1)というアニメのなかで主人公のルフィは、自分一人では解決せず、常に仲間を集めて困難を切り抜けている。ルフィには、決して細やかな配慮があるわけではないが、常にともに行動してくれるという仲間がいる。

「自分をルフィに重ねあわせるなんてちょっと図々しいかもしれないが、自分が障害をもっているからこそ、相手に偏見をもたなかったり、弱さを隠すことがなかった。だから、畠中君をはじめとして多くの仲間に助けてもらいながら、一つ一つを実現していくことができた」

と言う永野に対して、ルフィは作中で次のように言い放っている。

「おれは、助けてもらわねェと生きていけねェ自信がある」

ひょっとしたら、畠中はこうした部分を汲み取っていたのかもしれない。その懐の広さに甘えてしまうことが多かった永野だが、社会人になって数年が経ったころ、畠中がしっかりとした客

---

(1)　尾田栄一郎・原作。『週刊少年ジャンプ』（集英社）にて一九九七年から連載中。

観的な判断を下すようになっていたことに驚いた。

「明さん、僕はそうじゃないと思います！」

何かにつけ「いいですよ」と言っていた畠中が、時に永野をリードするようになったのだ。頼り、頼られの関係が続いたがゆえに「信頼」が生まれたのかもしれない。そして、自らの意見を貫いてくれる。今では、畠中の判断に永野が追従するということも多い。

「何故、東京について来てくれたの？」と言う永野の質問に、畠中はクシャクシャと笑ってこう答えた。

「明さんといると、面白いことが起こりそうだから」

◎食べ物に対する永野のこだわり

人との縁をつなぐ方法として、永野が意識していることがある。それは、同じ話題をつくるということだ。

具体的に言うと、食事の際、初対面の人が選んだメニューと同じものを食べるということである。肉を食べたいときでも、初対面の人が魚を選んだら魚を選ぶ。相手が「辛口で」と言えば、当然辛口を注文する。味が濃い、薄いを含めて、「相手はこんな味が好きなんだな」と永野は理解して、相手の好みを判断しているという。

食事というのは記憶に残りやすい。どこに座ったか、相手が何を着ていったかは忘れても、「うまかった」、「ぬるかった」、「しょっぱかった」というような印象は強烈に残る。それゆえ、次に会ったときに、「先日会ったときと同じものを食べましたね」と話題を振ることが可能となる。だから、名刺と同様、永野には会った人ごとに思い出の一品が存在している。鴨南蛮をいっしょに食べた社長、ナポリタンを選んだ取引先、とんこつラーメンのこってり味をこよなく愛するレスラー、などである。

食事をともにすればするほど、少しずつ話題とともにウエストのサイズも増えていった。アスリートとしては、あまりシャレにならない事実である。

永野には、もう一つのこだわりとして「食べ物を贈る」ということがある。電話やメールを気軽にできる相手に対しても、「話題」という食べ物を運送会社を介して送っている。言葉ではなく、ミカンやお茶、時にはチョコレートを送ってコミュニケーションをしているのだ。

ミカンは、NPO法人「STAND」の伊藤数子さんに送った。年の瀬を迎えたころ、従業員も来訪者も食べられるということでミカンを選んだわけである。ミカンを剥きながら、「冬だねー」とか「もう一個はおうちに持って帰ってね」なんて話をするシーンが思い浮かんだからという。

それだけではない。永野は、自身が伊藤さんの事務所に伺うタイミングにあわせて送っていた。伊藤さんが、わざわざ自分に手紙や電話で礼を言わなくてもいいようにという配慮である。

お茶もそうだ。永野は、ハンドバイクで長距離を走るときに欠かすことのできないドリンクとしてバイオ茶を愛飲している。このバイオ茶、前述したように、「コケちゃいました」の名言で知られる谷口浩美さんをはじめとして全国のプロスポーツ選手が愛飲しているものである。飲みやすいだけでなく、永野が飼っているインコが弱っているときに飲ませたところ一命を取り留めたというのだから、バイオ茶は飼い主とペットともども命の恩人となるらしい。

その名も「バイオ」

このバイオ茶が気に入ったあまり、永野はバイオ茶味の豆菓子までつくってしまった。長年にわたって購入している豆菓子のメーカーに依頼し、バイオ茶の味つけをしたお菓子を完成させたのだ。その豆菓子をポリッとかじったときに、あまりの美味しさに感激してしまった永野は、バイオ茶の生みの親である上水園の上水社長に三〇〇袋を送っている。

「何が起こったのかと思ってびっくりしたよ」

と、上水社長が電話をかけてきたとき、永野はにこりと笑みを浮かべたことであろう。

◎ シェア七六一七件

「運命」というのは本当に存在するのだろう。二〇一三年九月、永野が強く「縁」を実感した出来事があった。

二〇〇八年の東京‐福岡をはじめ、二〇一一年の日本縦断などで使用していたハンドバイク（静岡の榛葉《しんば》鉄工所(2)で製作）が大阪で盗難に遭ったのだが、その二日後、無事に戻ってきたのだ。

九月二七日に開催された大阪マラソンを見学するため、永野は二六日の夜から大阪市内のビジネスホテルに宿泊していた。いつものとおりホテル前の路上にハンドバイクの後輪をロックして止めていたのだが、翌日の朝には跡形もなかった。

「提供してくださった各メーカーの方々に顔向けができない」と言う永野は、まず関係各社に電話を入れて事の次第を説明した。

（2）〒436－0006　静岡県掛川市本所６５０　自動二輪マフラーや自動車部品などを製造している。

榛葉鉄工所の概観

盗まれた「愛車」返して

障害抱える 北九州の男性

「ハンドバイク」大阪で宿泊中被害

　脳性まひの障害を抱えながら手こぎ自転車「ハンドバイク」で、日本縦断などに取り組む北九州市の会社員、永野明さん(38)が、マラソン応援のために滞在していた大阪市内で、「愛車」を盗まれ、困惑している。2016年のリオデジャネイロ・パラリンピックでパラサイクリング（ハンドバイク）への出場を目指す永野さん。「自分の夢が足踏みしているようだ。返して」と訴えている。

　永野さんは、下半身が不自由で、歩行が困難なほか、両腕にも障害がある。05年、テレビ番組で、ハンドルを手で回してこいで前に進む「ハンドバイク」を知り、乗り始めるようになった。友人らと一緒に長距離走破を目指すイベントを企画し、08年10月には東京―福岡間、11年9～10月には北海道・宗谷岬から鹿児島・佐多岬までを完走した。

　永野さんは今回、大阪市内であった第3回大阪マラソンに出場する友人を応援するために大阪へ来た。ハンドバイクは今月26日午後11時ごろ、宿泊していた大阪市浪速区日本橋のビジネスホテルの入り口近くでタイヤを固定、動かないようにしていた。しかし、27日朝、なくなっており、大阪府警浪速署に遺失物として届け出た。

　ハンドバイクは全長1・5㍍、高さ1㍍、重さ約25㌔。三輪で青色。毎日20～30㌔の練習で使い、長距離走破でも乗り続けた愛用のものだ。左ハンドルのブレーキワイヤがなく、車イス部分サイドに「TE―DEマラソン」とのステッカーが張ってある。

　永野さんは「思い出がすべて奪われたような気持ちだ。情報を寄せてほしい」と呼びかけている。情報は永野さん（080・1240・8901）。【後藤豪】

永野明さんと、盗難にあった「ハンドバイク」＝福岡市内で、本人提供

毎日新聞（西部版）2013年10月30日付

そして、Facebook や Twitter で情報提供を呼び掛けた。

「大阪でハンドバイクが盗難に遭いました。情報を寄せてください！」

永野は大阪に滞在し続け、ひたすら情報を待った。テレビのニュース番組では、頻繁に情報提供を呼び掛ける映像が流れ、Facebook では七六一七人もの人がシェアをしてくれた。もちろん、面識がまったくない人も協力してくれた。

こうした「騒ぎ」が犯人の良心を咎めることになったのかもしれない。四日後、ホテルの北西約二五〇メートルの路上でハンドバイクが発見された。犯人はまだ見つかっていないというが、そんなことはどうでもよい。永野は、大阪府警の警察官によって運ばれてきたハンドバイクのハンドルをギュッと握りしめて、こう言った。

「ハンドバイクが手元に戻ったのは、きっと運命だ。これからは、数千人の方々の善意にこたえていかなければならない」

このように言う永野、プロのハンドサイクリストとして今後どのように活動していくのだろうか。続く章では、再び永野本人に語ってもらうことにする。今後の目標や夢について語る言葉として、本人以上のものはない。すでに未来に向けて走りだしている永野が発する言葉、読者のみなさんはどのように受け止めるのであろうか。

第5章

できることを活かすという「使命」

上腕で自らに挑む

◎自分の機能を確認する

なぜ僕がプロレスをしたり、ハンドバイクで長距離走行に挑むのかと言えば、「自分にできる」、「自分にできない」のボーダーラインをより高いところに引き上げたいからである。そして、そのボーダーラインが嘘じゃないということを確認したいのだ。この確認作業をしないと、次に進めないというのが正直な心境である。

「やるぞ！」と目標設定して、それに向かっていく。しかしその反面、できなかったらどうしようと怖くもなる。それに、できなかったら嘘をつくことになるので、強迫観念から逃げだしたくもなる。

「じゃ、『やる』と言わなければいいじゃないか」

プレッシャーを和らげようと、このように気を遣ってくれる人もいる。しかし、僕は高みの目標を公言しないと気がすまない性格なのだ。いや、誰にも言わなければ、途中で放り投げてしまう可能性があるからかもしれない。

そんなことをモヤモヤと考えていたころ、スポーツ整体の「廣戸道場」の廣戸聡一先生が、まるで僕の心の中を読み取ったかのごとく素晴らしい言葉を与えてくれた。

「誰もが完璧ではない。二五パーセントの機能を一〇〇パーセント活かすことが大事」

廣戸先生が提唱するリハビリ理論（４スタンス理論）では、身体のすべての機能をフル活用するのではなく、身体特性に応じて身体を動かすことが大事だという。

「同じ『立つ』という行為にしても、右足の前に重心を置く人もいれば、左足の後方に体重をかける人もいる。だからこそ、自分は左足のほうに力が入るとか、あなたは右を向くほうがより体を曲げられるという違いが出てくる。それをすべて矯正するのではなく、人間は自然と自分の身体特性や重心に応じた動きをしていることを理解しなさい」

こうした考えに立つ廣戸先生は、道場で働いているスタッフを比較することも当然しない。人は互いの違いを知って成長するのであって、それぞれの能力が違うからこそ、「トータルな意味において優劣はつけられない」とも言う。

この言葉で、合点がいった。これまで、「できないこと」を数えてきた障害者が、「できること」を数えていけばいいのだ。たしかに、「走れない」、「泳げない」、「一人で電車に乗れない」とナイナイづくしで内にこもってしまう知人の姿をこれまで多く目にしてきた。もしかすると、僕もレスラーになるまでは、そんなことを口走っていたのかもしれない。

けれど、できない部分があってもいいじゃないか。僕の上腕は、まちがいなく北海道から鹿児島まで導いてくれたのだから、できることを考えていこう。

◎障害と付き合うということ

廣戸先生とは、二〇〇七年一二月にディファ有明で行われた総合格闘技「PANCRASE」の試合場で出会った。かつて、独自の理論を展開している廣戸先生の姿をテレビで見かけているので、直接会う前から僕は廣戸先生のことを知っていた。その廣戸先生が、たまたま観に行った格闘技の試合でレフェリーを務めていたのだ。

「あのレフェリー、テレビで見た廣戸先生じゃない?」

横に座っていた妻の響子が声を上げた。僕は、試合もさることながら、廣戸先生の姿を目で追いかけた。そして、試合が終わってスタッフが後片づけをはじめるタイミングを見計らって、僕はリング脇に向かって走りだした。

「廣戸先生、はじめまして。僕の肩を見ていただきたいのですが……」

ハンドバイクをはじめて二年、いつしかトレーニングで肩が上がらなくなっていた。そのことを伝えると廣戸先生は、僕が何者かも問うことなく、さっきまで人が倒れていたリングの脇で僕の肩を診てくれた。身体を押すでも伸ばすでもなく、動かす方向を示されると、僕はその指示に従って身体を動かした。五分か一〇分くらいだったろうか、肩から痛みが消えていた。そして後日、廣戸道場で廣戸先生の施術を受け、僕のかかとは生まれて初めて立った状態で床に触れた

（一九二ページ参照）。

立てないと思い込んでいたのは、科学的な証明があったからではない。単に、僕がそう信じていただけだったのだ。

よく、「障害や病とうまく付き合おう」というセミナーや著書を見かける。廣戸先生も、当事者である僕も、その言葉に違和感を覚えている。「うまく付き合う」というのは、治す気がないということになる。言い換えれば、痛みや不具合を我慢することである。そして、障害や病をもっていると自覚した当事者は、死ぬまでずっと治らない状態を保持し続けることを強いられる。ひょっとしたら、慣れてしまった自分の身体が変化することは、ある意味で「恐怖」なのかもしれない。それが理由で、医師に対して「きちんと治して！」と、本気でリクエストをしてこなかったのだろう。

◎運動能力ゼロを覆す

パーフェクトな人間なんて存在しない。できないことは、誰しもいっぱいあるはずだ。音痴の人はカラオケに行きたがらないし、視力が落ちた人は「見えにくい」と感じた途端、度の強いメガネに順次買い換えていく。勉強ができないとあきらめている子どもは、遊びのほうを選択する。

その結果、「勉強のできない自分」を放置したままとなる。

ある日、「左足の運動能力がゼロ」と医師に診断された女性の話を廣戸先生から聞いた。彼女は、両手と右足だけを使ってこれまで生活をしてきたという。そんな彼女に、廣戸先生は次のように声をかけた。

「左足を上げてみて」

傍から見たら無茶ぶりでしかない。彼女の周りの誰しもが、左足の話題は避けて通ってきたのだ。無論、彼女自身も同じである。当然のように、彼女は「無理です！」と突っぱねた。しかし、廣戸先生はまた繰り返した。

「上げてみ」

渋々、「どうせ無理でしょ」という言葉を喉元で準備しながら、彼女は左足に力を集中したという。

「……」

彼女は言葉を失ったという。動かないと信じていた左足が、彼女自身の意志で上がったのだ。そりゃそうだ。使ったことがないものゆえ、どのように反応したらいいかが分からない。いきなりスペースシャトルは操縦できないし、レシピを見ずに食べたこともない料理はつくれないのだ。

このような能力を、廣戸先生はさらりと「経験値」と表現した。廣戸先生によると、身体の動き方や重心の置き方は人によって違う。骨格が動く順番も身体特性によるという。だからこそ、矯正しなくても、身体の特徴や重心に応じた動き方をふまえれば運動能力は向上するのだそうだ。

その延長で廣戸先生は、「身体障害は異質なパーツが組み込まれたのではなく、配線がうまくいかなかっただけ」と、障害のことを表現している。言ってみれば彼女は、自分にあった左足の動き方、つまり自分なりの配線方法を見つけることができたというわけである。

自分のポジションを決める

「二五パーセントの機能を一〇〇パーセント活かす」

この言葉を何度も何度も唱えてきた僕は、二年前にある決断を下した。それは、ハンドサイクリストとしてパラリンピックを目指すことである。多くの仲間やメンターに出会ったおかげで、障害者プロレス団体の設立やハンドバイクでの日本縦横断まで決行することができた。今度は、頂点に立つことでみなさんに恩返ししたいと考えたのである。

世界と戦うためには、これまでのように片手間で練習を続けているだけではダメ、ということは十分に分かっている。では、どうするか……。そんなことを考えだしたとき、知人を通じて、前述したメディカルネットサービス株式会社社長（当時）、現・学校法人国際学園の水嶋昭彦理事長に出会うという幸運に恵まれた（一〇六ページ参照）。

整骨院および施術者の育成を原点とする同社は、理学療法や鍼灸など医療スポーツに関する専門学校を経営し、障害者やアスリート雇用の先駆け的な存在として知られている。その経営者である水嶋社長、言うまでもなく、僕の大切なメンターの一人である。

この会社を一代で築いた水嶋社長は、常に「人との出会い」を尊ぶ人である。目の見えない亀が、たまたま浮いている木につかまることができたという言い伝えから生まれた言葉である「盲《もう》亀《き》浮《ふ》木《ぼく》」[1]が、時々、水嶋社長の口から発せられる。その言葉を僕に置き換えてくれたかどうかは神のみぞ知るだが、水嶋社長は僕との出会いを大事に感じてくれている。

水嶋社長の温かさに気をゆるめてしまった僕は、パラリンピックを目指す思いを熱っぽく語った。話を聞き終えた水嶋社長は、僕を社員として、そして選手として同社に誘

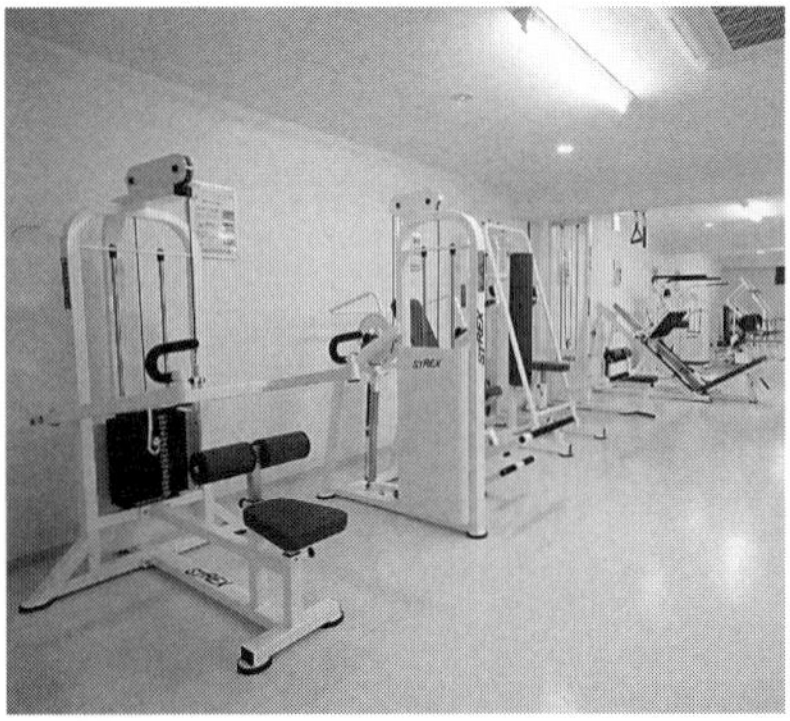

学校法人国際学園内のトレーニングルーム

講演中の水嶋社長

ってくれるという。転職話はバタバタと進み、僕は新天地・小倉で、昼間は事務局の仕事を、夕方からはマシンルームでのトレーニングとロードワークをはじめることになった。

◎楽しさで人を巻き込む

学校法人国際学園は、鍼灸のサービスや専門学校を展開しているため、視覚障害のある社員も在籍している。彼らは、研ぎ澄まされた触覚や聴覚で利用者の身体の状態を観察し、適切な施術を行っている。そうした技能が活かせるとして、国際学園は彼らを中心にした鍼灸マッサージサービスをメニュー化した。そうして、社員それぞれの特性や専門性にあわせた分業制を確立したわけである。

社内では、それぞれの職域を尊重するという雰囲気が自然なものとなっているが、サービスを受ける利用者のなかには、目が不自由な人に施術を受けることに抵抗を覚える人もいる。アイコンタクトがとれないことや、痛みを感じている部分を目で確認できないことが不安だという。

「まちがって、針を強く打たれたらどうしよう」

(1) 雑阿含経《ぞうあごんきょう》で使われている仏教用語。

「こっちの表情が分からないので、安心できない」

当然のように、最初はこうした声が多々聞かれたわけだが、そんな不安はすぐに払拭《ふっしょく》された。鍼灸師が明るい声を発したり、冗談を言ったりするだけで、利用者の「怖い」という想いが次第に消えていったのだ。

「誰しも人は変化し、それによって周りの人も変わっていく」

これが、水嶋社長の気付きである。

視覚障害をもつ鍼灸師が明るい声を発したら、周りの人たちがさらにこの鍼灸師に興味を示すようになった。相手（利用者）の評価が成功体験となり、その行為が日常となっていく。そのためにも、自身が抱える障害や課題、人とのバリアを認めなければならない。

「障害は個性よ」、なんて言葉は、社会が障害を半分理解した気になって探し求めた、とてもざっくりとした表現でしかない。視力が落ちればメガネをかけるし、足が不自由だから車椅子に乗る、目が見えないから明るい声で人と付き合う。ハンディを抱えた者は、それぞれが社会生活を送りやすいように、動作や人間関係に工夫を重ねて生活をしているのだ。個性だからと分かりあえるのは一部の人間同士だけで、社会全体は、まだまだその個性にあわせた整備をしてくれているわけではない。

人間社会は大きな海のようなものだ。「障害＝〇〇」なんていう粗い網で言葉を拾ったからといって、すべての魚を知り得ることはできないはずだ。かといって、すべての現実を知るような網はこの世に存在しない。直接会った人と会話を重ねていくことが、やがて大きな水脈となって大海に通じるだろう……少なくとも、僕はそう信じている。

◎一〇〇パーセントの力を出す

廣戸先生や水嶋社長の言葉の端々に、よく「一〇〇パーセントの力を出す」という表現が出てくる。これは、人間の機能をすべて羅列した場合にすべての能力が発揮されるということではなく、「最大限の能力を発揮する」という意味で使われている。だから、ある人が10の能力をもっていたときに3の力を発揮するのではなく、3の力をもっている人が3の力を出すということが「一〇〇パーセント」となる。

とはいえ、社会は格段に進歩している。人間の機能を最大限に発揮する場は、もしかすると少なくなっているのかもしれない。合理化したり、効率化を追い求めることが容易となった現在の状況を、水嶋社長は「感覚を鈍らせている」と指摘している。

では、どのような場で人は「一〇〇パーセント」の能力を発揮するのだろうか。その原動力となるのは、自分に対する自信やプライドではないかと思っている。

ある陸上選手の話を例に挙げてみたい。彼は、日本でも新記録を樹立し続けた名アスリートであった。しかし、足首を骨折してからというもの低迷が続いた。周りが彼にかけた言葉は、「引退」の二文字である。パフォーマンスが落ち続ける肉体、そして周りの変容ぶりに彼のプライドはズタズタになった。そうしたなかで、彼は足の治療に向き合うことを決め、再度、自己ベストを更新したという。

僕が日本を縦横断できたのも、「一度公言したことを撤回したくない」というプライドだったと思っている。そして、自分を評価してくれる人や応援してくれる人の声を素直に聞くことができたからだ。

僕の場合は、廣戸先生の指示に従い、かかとを床に着けることができた。そして、「できない」という思い込みを捨てることができた。振り返ってみると、このような出会いに恵まれたのも、自分の宿命や運命を隠すことなく、周りの人たちに伝えてきたからではないかと思っている。

この先、僕はパラリンピック出場に向けて授かった命を使っていく。上腕の能力をもっと上げ、これまでお世話になった人たちに恩返しをしたい。それが、ぼくの「使命」だと信じている。

おわりに——「三つの命」を活かすということ

幸いなことに僕は、講演会に呼ばれて、小学生から大学生、一般の方々までに話をする機会が年に何回かある。その際、対象者の年齢に関係なく、「三つの命」というテーマを掲げて話すようにしている。

三つの命とは、繰り返すようだが、「宿命」、「運命」、そして「使命」である。この言葉は、水嶋社長が諸先輩から代々受け継いできたものというから、日本人がずっと紡いできた大事な言葉なのだろうと本能的に理解している。そして僕は、この言葉に自分のエピソードを付して、たまたまご縁を得た人たちに伝えるようにしている。

それぞれの言葉の意味を要約すると、「宿命」とは、文字どおり「命が宿る」。生まれる場所や親は選ぶことができない。もちろん、遺伝子が決めた髪の色や足の長さも。先天的な障害もこの宿命にあたる。

幼い間は、親が「こけたらいかん」とか「生ものを食べさせちゃいかん」とか言って大事に大事に育ててくれるから、自分の意志で決めることはできない。そして、仲間ができたり社会経験が増えてくると、人は雪だるまみたいにいろんな知識を肉付けしながら命を運んでいく。運ぶ方向や早さは人によって違うが、僕の場合は、さまざまなメンターに出会ったことで、レスラーとして相手をぶっ飛ばしたり、ハンドバイクで公道をかっ飛ばしたりしていった。

この期間、もしかすると人との出会いが大きく方向性を左右するのかもしれない。だから、より信頼できる人に出会うことで、「運命」はずっと面白くて豊かなものになる。

そして、最後は「使命」。どのように命を使うかということは、それぞれが判断していかなければならない。「運命」が積み重なると、やがてそれぞれのポジションがおおよそ決まってくる。それゆえこの「使命」、これからの「運命」を切り開く後世のために、きちんとふまえなければならないと考えている。

そういう点では、僕の命は、しばらくの間「ハンドサイクリスト」として使っていくことになるだろう。これからの人生を生きる人たちの日常がぐっと豊かになるように。

障害者に対する社会通念

講演をしていると、ぞくっとする考え方に出合うことがある。桜花学園大学保育学部の授業「社会学演習Ⅱ」の一貫として講演を行ったときの話だ。嶋守さやか先生は、学生に次のような宿題を出していた。

大学の授業でアイマスク体験を行ったあと、視覚しょうがい者が「君たちはいいよね。授業が終わればアイマスクが外せて。それで目の見えない人間たちの気持ちが分かった気になっていい気になってるんだろうけど、自分はこれから先、一生、目が見えない。結局、こんなことをして何になるんだよ。君たちは何もわかっちゃいない。なんだかそれがとてもやるせないよ」と言われた場合、自分だったらこの学生になんと言いますか？

将来の保育士たちは、頭を悩ませた。

「ごめんね」

「たしかにそうだね」

「困ったことがあったら言ってね」

障害をもつ人のことを温かく見守るべき、という社会通念が学生たちの優しい言葉を引き出すなか、こんな発言もあった。

「なんでそういう言い方をするの？　人としてどうなの？　ムカつく！」

僕もそう指摘したかもしれない。もしかしたら、「お前、『仲間』のことをなんていうんだ」と怒られるかもしれないが、相手のことを想像できない一方的な発言を「これは障害という個性だから」といって見逃すわけにはいかない。

講演会の受講者の感想文には、なるべく赤ペンを入れて返却するようにしている。

「ありがとうございます」という一行のメッセージには、「僕も楽しかったよ。あの辺に座っていたね」と答えている。講演中に、勇気をもって質問してきてくれた受講者には、壇上に上がってもらい、「三組、山田です」というように名乗ってもらっている。精いっぱいその受講者を褒め、「ありがとう」を繰り返すと、その質問者は背筋をピンと伸ばして自分の席に帰っていく。

「よかったね」、「ありがとう」という言葉は、その受け手の成功体験となる。この積み重ねが大きな自信となり、一〇〇パーセントの能力を引き出す原動力となっている。言い換えると、「ダメ、ダメ、ダメ」の繰り返しでは、能力を発揮することすら想像できなくなるということだ。僕の言うメンターとは、ともするとこうした成功体験を与えてくれた恩人とも言えるかもしれない。

自己紹介をする

パラリンピックへの出場に加え、僕の「使命」はもう一つある。それは、「障害者がきちんと自己紹介をする習慣を身に着ける」ことである。ありきたりの言葉を使えば「自立」の第一歩だが、この自己紹介が力を発揮する大きなファクターとなる。

「永野明です。去年、ハンドバイクに乗って北海道から鹿児島まで縦断しました」と言うことで、相手は僕がどんな活動をしているのかが想像できる。だけど、

「こんにちは、永野明といいます……。はい、えーっと、あの……」

では、相手がどのように接してよいかが分からない。あんまり深く聞かないほうがよいかと遠慮され、コミュニケーションはその瞬間に遮断されてしまうことになる。とかく、障害者雇用の現場では、そうした遠慮が余分な気苦労につながったり、「たぶん、この仕事はできないよね……」と言われて、能力を活かせずに周りの意識や業務の効率を下げてしまうというケースが多い。

また災害時には、その遠慮が命を阻むというリスクにもなり得る。自分のことを周りの人が知らなければ、避難することも救援物資を得ることもかなわない。とくに、個人情報の保護がうるさい現代、自分が伝えなければ相手は踏み込んでこないということを認識しておかなければならない。自らを理解してもらうためには、自分が声を発するしかないのだ。

「絵を描くことは得意です」
「外回りはできませんが、事務作業ならできます」
「車椅子での出社になります。電話応対と経理はできます」
「災害時には、ここの番号に知らせてください」

自己紹介は自らを活かす方法であり、自らの命を使う第一歩となる。この必要性を伝えることが、将来の僕にとっての「使命」でもある。そして、ハンディキャップをもつ人の周りにいる、あなたの「使命」かもしれない。

僕の「使命」ということで、最近の活動状況について最後にお話したい。

まずは、パラリンピックに向けてだが、合宿とロードレースへの出場をスタートさせた。恥ずかしながら、今までは自己流で走るのみだったので、人生初の本格的トレーニングということになる。

自主トレ先として選んだのは大分県中津市。TE－DEマラソンで通った所なので、土地勘は多少なりともある。そこで、これまでの行き当たりばったりのトレーニングではなく、各メーカーやメンタルトレーナー、先輩ランナーに相談をして、入念にメニューを決めていった。

トレーニングでは、六日間、片道一〇キロのサイクリングロードを往復した。ここでは、ただがむしゃらに走るだけではなく、トレーニング後の振り返りを重視した。コンディションやペースにムラはないか、メンタルの状態と走りに相関性はあるか、などである。馬力に頼るのではなく、自身にとっての最高の走りが何によって導きだされるのか、仮説を立てて立証していくことを学んでいる。

そして、人生初のレース、「第二回もてぎ七時間エンデューロ　GW 2014 powered by ウイダー in ゼリー」（以下、もてぎエンデューロ）に出場した。

もてぎエンデューロとは、日本グランプリをはじめ、さまざまなレースが開催されている国際的なサーキット「ツインリンクもてぎ」で開催されている自転車レースである。全長四・八キロのヨーロピアンスタイルのロードコースと、全長二・四キロのスーパースピードウェイを走行するのだが、各種目とも多彩でエキサイティングな走りを楽しむことができる。ホームページの案内では、以下のように書かれている。

速さや勝負を競う競技ではなく、楽しんだもの勝ちのイベント、それが、もてぎ7時間エンデューロ。家族や友人との思い出づくりに参加する人、競技として記録にチャレンジする人、練習として参加する人。コスプレでとにかく目立ちたい人も。子どもから大人、初心者から上級者まで、とにかく誰でも楽しめるのがもてぎ7時間エンデューロ。

僕は、「二時間エンデューロ　ハンドサイクル【ソロ】」という種目に出場した。ひどい雨の中だったが、さまざまなコンディションを経験するにはもってこいの環境となった。

上り坂に入ると全選手とも減速するのだが、スポーツタイプのハンドバイクが僕を力強く追い越していった。アダプタータイプで出場した僕は遅れをとったが、焦らずにペースを守ることを心掛けて四周を走りきった。結果は、一二人中一〇位。惨敗ではあったが、初めて人と競争する経験を得て、自分の向かう先とそのための道程が具体的なものとなった。

トレーニングやレースのほかに、前述したように、ちょっとミーハーでおしゃべりな特性を活かして、障害やハンドバイクについてさまざまな場面でお話をするというチャンスをいただいている。

一つは、「スポーツオブハート～スポーツ×文化の祭典～」[1]というイベントに、二〇一二年と二〇一三年に連続して参加させていただいた。イベントでは、ハンドバイク教室を担当し、多くの子どもたちやその保護者に、試乗をとおしてハンドバイクというマシンやスポーツについて知ってもらうことができた。このときに、競技選手は自身の記録を追い求めるだけではなく、「伝道者」としての立場もあることを強く感じた。

また、二〇一四年からは福岡市中央区のコミュニティFM放送局（77・7MHz）でラジオパーソナリティを務めている。きっかけは、

もてぎエンデューロで疾走する永野

FaceBookで「ラジオパーソナリティという仕事に興味ある」と書き込みをしたことだったが、このちょっとした「〜〜したい」という発言が夢をかなえてしまうとは、我ながら驚いている。

毎週一回二五分間（二〇一四年一一月からは五五分）、障害者スポーツや障害者アーティストを紹介していくことで、既存のコミュニティと障害者の境界線をなくす取り組みにかかわれていることをうれしく思っている。

それに、ラジオパーソナリティをはじめてみて気が付いたのは、「障害者の職業」に適しているということだ。ラジオにはMCの姿は映らない。口元にマイクがあれば、その思いをリスナーに広く発信することができる。だから、障害者にもストレスがかかりにくい。僕が続けることで障害者の定職となり、次の候補者が現れるのを待ちたい。

さて、障害者の子どもがなりたいと思っている職業は何だろうか。ちなみに、第一生命保険株式会社による「大人になったらなりたいもの」調査（二〇一二年）では、男の子で「サッカー選

（1）　一般社団法人スポーツオブハート主催のイベント。パラリンピアンの呼び掛けにより、未来の日本のために健常者と障害者の枠を超えて、スポーツ選手やミュージシャン、文化人たちが協力しあい、「すべての人たちが幸せに暮らせるニッポン」を目指すプロジェクトとして発足した。

手」が三年連続の一位、女の子は「食べ物屋さん」が一六年間にわたってトップを続けている。
僕が子どものころは、運転手になりたかった。いろんな所に行ける、と思ったのがその理由であるが、その夢は夢に終わらず、ハンドバイクに乗って全国を回ることができた。過去には、印刷会社に就職できたし、障害者プロレスのレスラーとしても活動しながら現在、学校法人国際学園でお世話になっている。

障害者も、世の中に広く目を向けると、さまざまな職業にめぐりあうことができるはずだ。ただ、そのことに気付く機会は少ない。だから今、僕は障害をもつ子どもたちの「なりたい」という声を集め、その夢を疑似体験できる機会「チャレキッズ」をつくりはじめている。ありがたいことに、僕は多くの友人に恵まれている。プロスポーツ選手に歌手、会社経営者……こうした人たちの協力を得ながら、子どもたちに職業体験の場を提供していこうと思っている。

その第一弾は「格闘家」。二〇一四年四月、西日本シティ銀行大濠体育館で行ったFORCEの記念大会では、子どもたちが空手をしたり、瓦を割るという試技に挑戦する機会を設けた。また、その場では、養護施設の児童などを対象に、海外留学など国際教育機会の提供を行っている団体「NPO法人国際教育支援機構スマイリーフラワーズ」(2)が取り組む、児童養護施設退所後の就学支援「カナエール福岡」(3)についても紹介させていただいた。

「ワークオフィス絆結《ばんゆう》」の代表・船越哲郎さんとともに、知的障害をもつ中学一年生に職業体験をしてもらう機会を設けたこともある。中学生の夢はシェフ。「八仙閣」という中華料理店に協力をいただき、野菜を切ったり、鍋を振ったりした。中華鍋はさぞかし重かったことだろう。彼はにっこりと笑みを浮かべて、「やっぱりシェフになる」と力強く言い切った。
「できることをやってみる！」、案外、難しいことではないのかもしれない。かつて、僕がさまざまな人に助けていただいたように、これからは少しずつ子どもたちをはじめとして、周りの人の背中をちょっと押す、そんな活動を続けていきたいと考えている。

（2）〒810－0021　福岡県福岡市中央区今泉1－18－55－601　TEL：092－791－4360
（3）〒816－0811　福岡県春日市春日公園5－2　TEL：092－558－2453

あとがき

最後まで読んでいただきました読者のみなさん、本当にありがとうございました。生意気なことも含めて好き勝手に書いてしまいましたが、僕としては結構満足しています。というのも、本を出版するということが、僕にとって「できる」ことのアピールになったからです。

本書に登場していただいたみなさん、そしてTE－DEマラソンの際にさまざまな形でサポートをしていただきましたみなさん、また、わたくし永野のチャレンジを一緒につくり上げてきた仲間たちと、無謀なるチャレンジを心から応援してくださったみなさまに感謝をいたします。改めて全員のお名前を挙げることは控えさせていただきますが、本当にありがとうございました。みなさんが僕のメンターである、と思っております。

そして、共著者である渡辺敦子さんにも本当にお世話になりました。彼女が担当してくれた章だけでなく、僕の執筆エリアについても多大なるサポートをしてもらいました。彼女のコメントを聞くたびに、自らの国語力のなさを痛感した次第です。今後、もっと本を読んで勉強をしていきたいと思っています。少なくとも、ポルトガル語を勉強しないとリオのオリンピックに行くことができませんから。

最後になりましたが、本書の出版を快く引き受けてくださいました株式会社新評論の武市一幸さんに御礼を申し上げます。「東京－福岡」のTE－DEマラソンのときには、名古屋の歩道橋から応援をしていただきました。それだけでなく、本の出版まで引き受けていただきましたこと、スタッフを代表して感謝申し上げます。

応援してくださったすべてのみなさま、これからもどんどんポジティブにやっていきますので、応援のほどよろしくお願い致します。

二〇一四年　夏

永野　明

編著者紹介

TE－DEマラソン実行委員会

東京―福岡縦断を機に、2008年に発足。メンバーは、永野明を筆頭にFORCEの選手や支援団体に所属する有志など18名。ハンドバイクと障害者スポーツの普及に努めている。

〒813-0042　福岡市東区舞松原2-7-11 林田ビル202

TEL/FAX：092-663-4671　vakira@naganoakira.jp

永野　明（ながの・あきら）

1975年、福岡県生まれ。

プロハンドサイクリスト、障害者市民活動家。

障害者プロレス団体「FORCE」代表。現在、学校法人国際学園と所属選手契約をしている。株式会社ジャコラおよびKT　TAPE JAPANとサプライヤー選手契約。２章、５章、おわりに、を執筆。

渡辺敦子（わたなべ・あつこ）

1978年、宮城県生まれ。ライター、マーケッター。

うつ病を抱える知人や自らの社会生活への不適応の経験から、マイノリティに関する取材を進めている。１章、３章、４章、を執筆。

夢をかなえる障害者アスリート

—25％の機能を100％活かす—

2014年９月30日　初版第１刷発行

編　者　TE－DEマラソン実行委員会

発行者　武　市　一　幸

発行所　株式会社　新　評　論

〒169-0051
東京都新宿区西早稲田３-16-28
http://www.shinhyoron.co.jp

電話　03(3202)7391
FAX　03(3202)5832
振替・00160-1-113487

落丁・乱丁はお取り替えします。
定価はカバーに表示してあります。

印刷　フォレスト
製本　中永製本所
装丁　山田英春

Printed in Japan
ISBN978-4-7948-0979-7

好評既刊

選手達は、どうやって練習場に行き、練習を
どのように行っているのか。そして、自らの
「障害」や「スポーツ」についていかに考えているのか。

車椅子バスケの選手たちの「日常」を通じ、
身体の多様性に根ざす障害者スポーツの論理と競技観戦の
「ものさし」を論じる意欲作！

渡　正著

障害者スポーツの臨界点

車椅子バスケットボールの日常的実践から

四六上製　360頁　定価3200円＋税
ISBN978-4-7948-0909-4

新評論　好評既刊

舛本直文

スポーツ映像のエピステーメー
文化解釈学の視点から

視聴者（オーディエンス）から批評者（クリティックス）へ――映画におけるスポーツのイメージ化を分析し、メディア・リテラシーの要諦を提示。

［四六上製　356頁　3200円　ISBN4-7948-0499-7］

赤﨑久美

ちづる　娘と私の「幸せ」な人生

自閉症の娘・千鶴。その兄として悩む息子・正和。子どもたちとの日々を綴ることが、母に力を与えた――。全国を感動で包んだ家族の物語。

［四六並製　256頁　1800円　ISBN978-4-7948-0833-7］

神谷考柄

夢みるちから　仲間がいるからがんばれる

強豪ひしめく大阪府の高校ラグビー界で、家族や仲間に支えられながら府大会ベスト４まで勝ち進んだ弱視のラガーマン。勇気と感動の半生記！

［四六並製　236頁　1800円　ISBN978-4-7948-0883-7］

L・リッレヴィーク 文／K・O・ストールヴィーク 写真／井上勢津 訳

わたしだって、できるもん！

ダウン症の少女クリスティーネと周囲の人々の関係性から見えてくる、「世界で最も暮らしやすい国」ノルウェーの共生の理想。オールカラー写真絵本。

［A5並製　156頁　1800円　ISBN978-4-7948-0788-5］

＊ 表示価格：消費税抜・本体価格